米韓FTA
日本への示唆

品川 優 著

目 次

はじめに ··· 7

I. 米韓FTAと物品貿易 ··· 13
1. 米韓FTAの構成 ··· 13
2. 物品の関税譲許 ·· 14
3. 対米輸出の全体像 ·· 15
    （1）概況……15
    （2）乗用車……16
    （3）無線通信機器・自動車部品……18
    （4）その他品目……19
    （5）FTA効果……20
4. 対米輸入の全体像 ·· 20
5. 対米貿易収支 ·· 22

II. 米韓FTAと農産物貿易 ··· 25
1. 主要締結国との農産物関税譲許 ······································ 25
2. 農産物貿易の全体像 ·· 27
3. 牛肉 ··· 30
4. 豚肉 ··· 33
5. TPPとの比較 ··· 36

III. FTA被害補填直接支払い・廃業支援 ································ 39
1. FTA農業対策 ··· 39
2. FTA被害補填直接支払い ··· 40

3

　　　　（1）制度の仕組み……40
　　　　（2）事業実績……40
　　　　（3）支給対象外の主要品目……43
　　3．FTA廃業支援……………………………………………………………45
　　　　（1）制度の仕組み……45
　　　　（2）事業実績……46
　　　　（3）「追い出し効果」……47

Ⅳ．統計からみる韓牛農家の実態……………………………………………49
　　1．韓牛生産の推移…………………………………………………………49
　　2．韓牛農家の経営費・所得………………………………………………52
　　3．飼養頭数別にみた経営費・所得………………………………………54

Ⅴ．現場からみる韓牛農家の実態……………………………………………57
　　1．階層区分…………………………………………………………………57
　　2．大規模農家………………………………………………………………59
　　　　（1）大規模農家A……59
　　　　（2）大規模農家B……61
　　　　（3）大規模農家C……63
　　　　（4）小括……64
　　3．中規模農家………………………………………………………………65
　　　　（1）中規模農家D……65
　　　　（2）中規模農家E……67
　　　　（3）小括……69
　　4．小規模農家………………………………………………………………69
　　　　（1）小規模農家F……69
　　　　（2）小規模農家G……71
　　　　（3）小括……72
　　5．FTA廃業支援による廃業農家…………………………………………73
　　6．米韓FTAによる価格低下はなかったのか……………………………75

目 次

Ⅵ．米韓FTAと地域農協 …………………………………… 79
　1．米韓FTAとイコール・フッティング ……………… 79
　2．地域農協への影響 …………………………………… 80
　　（1）高山農協の位置……80
　　（2）組合員と出資金……81
　　（3）事業展開……82
　　（4）持株会社化の影響……84
　3．さらなる動き ………………………………………… 86

Ⅶ．米韓FTAとISDS ………………………………………… 87
　1．投資・ISDS …………………………………………… 87
　2．具体的事例 …………………………………………… 88
　　（1）ローンスター……89
　　（2）ハノカル……90
　　（3）エンテカブ……91
　　（4）エリオットとメイソンキャピタル……92
　　（5）小括……92
　3．米韓FTA改定交渉 …………………………………… 93

Ⅷ．米韓FTA改定交渉の結果 ………………………………… 95
　1．アメリカ・ファースト ……………………………… 95
　2．改定交渉の経緯 ……………………………………… 95
　3．鉄鋼製品 ……………………………………………… 97
　4．自動車 ………………………………………………… 100
　5．医薬品分野 …………………………………………… 102
　6．為替条項 ……………………………………………… 104

Ⅸ．ローカルフードの実践 …………………………………… 107
　1．ローカルフードとは ………………………………… 107
　2．ローカルフードの取組実績 ………………………… 108

5

3．直売所の運営実態―竜進農協 ················· 109
　4．経済効果・農村社会の変革 ················· 113

Ⅹ．日本への示唆 ························· 115
　1．FTA対策の現実性 ····················· 115
　2．自給率と食料安全保障 ··················· 116
　3．米韓FTA改定交渉からの示唆 ················ 118

あとがき ···························· 125

はじめに

　1995年にWTO（世界貿易機関）が発足した当時，韓国は「多様な農業の共存」を基本とした自由貿易を是とする日本や北欧諸国等のいわゆる「グループ10」に属していた。つまり，韓国政府の自由貿易の交渉スタンスは，同一グループによる多国間協議を主とし，二国間協議（FTA）には否定的であった。

　ところが，2000年前後以降，多国間協議から二国間協議へ方向転換することとなった。それは1つには，先進（輸出）国と途上国との対立でWTO交渉が頓挫し，世界のトレンドがよりフレキシブルに交渉できるFTAに移ったためである。その結果，FTAを締結した当事国以外は，当事国市場での競争力が劣位になり，市場を失う懸念から韓国もFTAを推進することとなった。

　いま1つは，1997年に通貨危機が発生し，世界銀行によるそれへの経済支援の見返りとして，IMFコンディショナリティーによる徹底した市場メカニズム・自由貿易への転換を認めたためである。その結果，韓国経済は貿易に立脚した経済構造となっている。その一端を示すのが，GDP（国内総生産）に対する貿易額（輸出＋輸入）の割合を示す貿易依存度である。日本の貿易依存度は30％台で推移しているのに対し，韓国のそれは2010年代前半は80％台の高水準に，近年は70％前後へ低下しているとはいえ，日本の2倍近い水準である。

　このように貿易が大きな意味をもつ韓国では，海外市場での競争を勝ち抜いていくには，国際競争力の強化，すなわち低価格化のための低コスト化が不可欠である。そして，その追求の一手段が人件費の圧縮，そのための非正規雇用化である。韓国でも非正規雇用と，それによる所得格差の拡大が社会

問題になっている。非正規労働者の本格的な統計把握は2005年前後からはじまる[(1)]。2005年の非正規労働者は548万人であったが，16年には644万人を記録し，3人に1人が非正規労働者となっている。同様に非正規労働者の平均月額は，正規労働者の62.6％に過ぎなかったが，16年には53.5％とほぼ半分の水準である[(2)]。

こうした輸出製品の低価格化，そのための低コスト化は輸出だけでなく，安価な財の輸入を必要とする。なぜならば，非正規雇用化と賃金の抑制によって，より安い生活用品・食料品の必要性に迫られるからである。そのことは，輸入面でも貿易依存度を高めることに寄与するとともに，一方では国内市場の縮小となってあらわれる。それ故に，さらなら海外市場の開拓と輸出拡大の追求というスパイラルに陥り，韓国政府は積極的にFTAを推進することとなる。

まず，韓国政府は2003年に，今後のFTA戦略の方向性，対象国，対象分野などを記した「FTAロードマップ」を策定している。その基本方針の1つは，短期的には日本やシンガポール，ASEAN，メキシコ，カナダ，さらにはインドなどの新興国ともFTA交渉を進めつつ，アメリカ，EU，中国などの巨大経済圏とは中・長期的に推し進めるという網羅的かつ段階的推進である。いま1つは，対象とする分野の多様性・包括性である。すなわち，物品分野では特にセンシティブな分野にあたる農産物に加え，サービスや投資，知的財産権，政府調達，紛争解決などの非関税障壁を含む包括的推進である。

このような基本方針にもとづき，国内産業への影響が極めて小さいチリとのFTA発効（2004年）を皮切りに，07年にはASEAN，11年EU，12年アメリカ（合意は07年），15年中国といった巨大経済圏とも比較的早期にFTAを締結・発効している。その後，韓国政府は15年に「新FTA推進戦略」を発表している。ここでは3つの柱として，①TPPやRCEP（日韓中，ASEAN，オーストラリア，NZ，インド）などのメガFTAへの積極的対応，②活用度の低いFTA（ASEANやインドなど）やFTA効果の極大化など締結済みのFTAの改善，③中南米・中東・中央アジア・アフリカなど有望な新興国の

はじめに

市場を狙った新規FTAの推進，を打ち出している。

　以上の結果，2018年時点で15のFTAを発効し，締結国は52カ国に及ぶ（署名済みの韓 中米FTAを含むと58カ国）。その他に日韓中，RCEP，エクアドル，イスラエルとのFTAが交渉段階にあり，TPPへの参加も検討している。

　韓国全体の貿易実績を確認すると（2018年），輸出額6,049億ドル，輸入額5,352億ドルで，貿易収支は697億ドルの黒字である。韓国の貿易額全体に対するFTAを締結した国・地域の割合を示すFTA比率は68.1%（署名を含む）である。日本のFTA比率は35%程度であり，日本の2倍の水準に達している。なお，FTAを結んでいない日本との貿易は，輸出額306億ドル，輸入額546億ドルで，241億ドルの赤字となっている。このことが，韓国が日本とのFTAを躊躇する理由の1つである。

　韓国にとって輸出額の大きい国・地域は，中国が1,621億ドルと突出しており，以下ASEAN1,001億ドル，アメリカ727億ドルとつづき，この3カ国・地域で輸出額全体の約5割に相当する。貿易黒字でも，中国が最多の556億ドル，ASEAN405億ドル[3]，アメリカ139億ドルが上位に入る。これらはいずれもFTAを発効している国・地域である。こうした現実を踏まえ，アメリカ・トランプ政権は米韓FTA批判を繰り返し，その後の米韓FTA改定交渉へと動いていく。

　アメリカとの関係でいえば，日本もTPPにおいて2015年に「大筋合意」，16年に署名したが，17年に発足したトランプ政権は，TPPの内容がアメリカの国益にとって満足なものではないことを理由に，即座にTPPから離脱している。その後のトランプ政権は，多国間協定から二国間協定へ方針を転換し，現在日本はアメリカとTAG（物品貿易協定），事実上の日米FTA交渉を開始している[4]。TPPから離脱したトランプ政権は，当然TPP以上の内容をTAG・日米FTAに求めることになろう。

　このTPP及びTAG・日米FTAに対し「参考書」的役割を有するのが米韓FTAである。なぜならば1つには，日本がTPP交渉への参加を検討した際に，アメリカ側から「TPPは米韓FTAを参考に」と示唆されているからである。

9

2019年でFTA発効後8年目に突入する米韓FTAが，韓国国内にどのような影響を与えているのかを知ることは，今後日本でも想定されうる事態を把握することにつながるなど，日本にとっても重要な意味をもつ。

　いま1つは，TAG・日米FTA交渉よりも先に米韓FTA改定交渉がおこなわれ，妥結したためである。ここからも改定交渉のプロセスやその合意内容等をみることによって，TAG・日米FTA交渉で求められる内容やその影響等を反面教師として学ぶことができる。さらに，アメリカとの関係において，その根底にある朝鮮半島をめぐる安全保障問題と経済・貿易問題の一体化という構図においても，日本と韓国は共通している。

　そこで本書は，米韓FTA発効前後における対米貿易実績の変容（第Ⅰ・Ⅱ章），FTAに対する農業対策の現状（第Ⅲ章），米韓FTAで最も農業生産の現場に影響を与えると危惧された韓牛農家の実態（第Ⅳ・Ⅴ章），農協やISDSといった主な非関税障壁への影響（第Ⅵ・Ⅶ章），米韓FTA改定交渉の結果（第Ⅷ章），グローバリゼーションへの対抗としてのローカルフード（第Ⅸ章）に焦点をあて考察するとともに，最後にそれらを踏まえた日本への示唆（第Ⅹ章）にも言及したい。

　ところで米韓FTAに関し筆者は，筑波書房から刊行した『FTA戦略下の韓国農業』（単著，2014年）や『TPPと農林業・国民生活』（共著，2016年）において，その都度FTA交渉の背景や合意内容，各期間の貿易実績，現場への影響等を明らかにしてきた。そこで本書では，米韓FTAに関する基本的内容にも可能な限り触れるが，合わせてそれらの拙稿もご覧いただけると幸いである。

注
（1）統計庁「勤労形態別及び非賃金勤労賦課調査結果」（各年版）。
（2）非正規労働者の賃金問題解消のために，韓国政府は2018年1月から最低賃金を16.4％引き上げている。
（3）加盟国別では，特に2017年にベトナムへの輸出額が急増（対前年比46.3％増）しており，国別に輸出額をみると，ベトナムは中国，アメリカに次ぐ3位に

はじめに

位置している。貿易黒字は17年316億ドル，18年290億ドルとなり，アメリカを抜いている。
（4）「農業協同組合新聞」（2018年11月10日付け）の田代洋一記事，「日本農業新聞」（2018年12月2日付け）の作山巧記事，JAcom農業協同組合新聞『TAGの正体』（農文協，2018年）。

Ⅰ．米韓FTAと物品貿易

1．米韓FTAの構成

　米韓FTAは，2006年3月に交渉を開始し，わずか1年で合意に至っている。短期間での交渉には，アメリカの貿易促進権限（TPA）が07年6月末に切れることが大きく関係していた。すなわち，通商交渉の権限を有するアメリカ議会ではなく，政権に交渉権を委ねるTPAが有効なうちに，政権（当時はブッシュ大統領）と直接交渉した方がまとまりやすいと判断した結果である。だが，ブッシュ政権から米韓FTAに否定的であったオバマ政権に代わったことで，自動車などを対象に米韓FTAの再交渉が求められ，最終的には2010年12月に再交渉が妥結している。翌11年には両国の議会を通過し，米韓FTAは12年3月15日に発効している。
　米韓FTAは，協定文24章と付属書Ⅰ～Ⅲ及び付録からなる。章のなかで直接的に物品に関するものは，農業（3章），繊維及び衣料（4章），両者を除く物品（2章）の3つの章のみである（**表Ⅰ-1**）。つまり，残る21の章は物品以外に関わるもの，すなわち金融や投資，サービスなどの非関税障壁であり，それが米韓FTAの中心となる。この特徴はTPPにも共通する。すなわち，TPP協定文30章のうち，物品の市場アクセス（2章）と繊維及び繊維製品（4章）のみ直接的な物品貿易に関する章であり，それ以外は非関税障壁に該当する。また日米FTA交渉と重ねると，米韓FTAの先の3つの章がTAGであり，後者を含む全体が日米FTAという構図となる。
　付属書は技術的・手続き的事項からなり，付属書Ⅰは「現在留保」[1]，同Ⅱは「未来留保」[2]，Ⅲは「金融サービスに対する留保」である。付録は，

表Ⅰ-1　米韓FTAの構成

1章	序文／最小規定及び定義	9章	貿易に対する技術障壁	18章	知的財産権
2章	物品に関する内国民待遇及び市場アクセス	10章	貿易救済	19章	労働
		11章	投資	20章	環境
3章	農業	12章	国境間サービス貿易	21章	透明性
4章	繊維及び衣料	13章	金融サービス	22章	制度規定及び紛争解決
5章	医薬品及び医療機器	14章	通信	23章	例外
6章	原産地規定及び原産地手順	15章	電子商取引	24章	最終条項
7章	関税行政及び貿易の円滑化	16章	競争関連事案		
8章	衛生及び食品衛生措置	17章	政府調達		

資料：外交通商部「韓米FTA詳細説明資料」より作成。

付属書を具体化し，技術的事項を規定するものであり，付録まで含め法的拘束力を有する。

2．物品の関税譲許

　表Ⅰ-2は，物品（農産物，繊維及び衣料を除く）の関税撤廃状況を示したものである。なお，農産物の関税譲許については，次章で取り上げることにする。

　まず韓国・アメリカともに，短期・長期を問わずすべての物品の関税を撤廃するという点で一致している。では，関税撤廃の段階は，米韓のいずれが大きいのか。韓国はアメリカからの輸入品目8,434品目，輸入額248億ドルに対し関税を撤廃する。撤廃の期間は，FTA発効後，即時に撤廃するものが7,218品目で全体の85.6％を占め，同じく輸入額は200億ドル・80.5％である。現在，米韓FTAは8年目に突入しているため，即時から5年での撤廃までを合算すると，品目で全体の96.1％，金額で95.4％を占め，ほとんどの品目で関税がゼロになっている。発効後10年まで広げると，品目・金額ともにほぼ100％関税撤廃することになる。

　同様にアメリカは，韓国から輸入している7,094品目・380億ドルに対し，即時撤廃が各87.1％・87.2％を占め，それが5年目には94.9％・96.9％に達し，

表 I-2　米韓 FTA による物品の関税撤廃状況

(単位：億ドル，%)

	韓国				アメリカ			
	品目数	構成比	輸入額	構成比	品目数	構成比	輸入額	構成比
即時	7,218	85.6	200.0	80.5	6,176	87.1	331.0	87.2
3年	719	8.5	33.2	13.4	360	5.1	28.2	7.4
5年	168	2.0	3.8	1.5	196	2.8	8.7	2.3
10年	325	3.9	11.0	4.4	345	4.9	11.6	3.1
12年	3	0.0	0.03	0.0	17	0.2	0.02	0.0
15年	1	0.0	0.04	0.0		0.0		0.0
計	8,434	100.0	248.4	100.0	7,094	100.0	379.6	100.0

資料：外交通商部「韓米 FTA 詳細説明資料」より作成。
注：1）表中には，農産物と繊維及び衣料は含まない。
　　2）韓国は，TQR（関税割当）を12年に2品目，15年に1品目含んでいる。
　　3）輸入額は，2003～05年の平均である。

10年目には品目で99.8％，金額はほぼ100％となる。

つまり，即時撤廃については輸入額ベースで7ポイントほどアメリカの方が高いが，発効後5年経過するとほぼ拮抗する水準となる。そして，10年までにはほぼすべての品目で撤廃するなど，韓国は極めて高い水準のFTAをアメリカと結んだことが分かる。

では次に，FTA発効以降，対米貿易がどのように推移したのかをみていくことにする。

3．対米輸出の全体像

(1) 概況

図 I-1は，米韓FTA発効前年の2011年から最新の18年までの対米貿易の推移を示したものである。輸出額は，2011年の562億ドルが発効1年目の12年には4.1％増の585億ドルへ増加している。その後も増加率を高め，14年には700億ドルを突破したが，15・16年は0.5～0.6％の減少を記録している。その後17年は686億ドルへ3.2％増加し，18年も6.0％増加の727億ドルと過去最

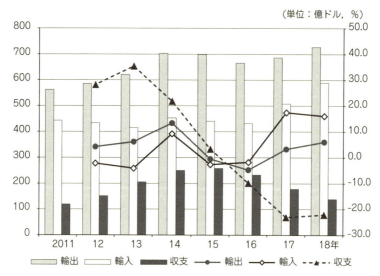

図Ⅰ-1 対米貿易の推移

資料：『貿易統計年報』（各年版），関税庁ホームページより作成。
注：「変化率」は，対前年比を示している。

高を記録するなど，対米輸出の連続した減少傾向がストップしたということである。その一方で，韓国の世界全体への輸出額のなかに位置付けると，異なる状況も確認できる。すなわち，世界全体でも16～17年は15.8％増と対米輸出の5倍近く増加し，17～18年も5.4％増と近似した水準である。したがって，世界全体での輸出増ほどには，対米輸出が増えているわけではない。

ところで，対米輸出の上位3品目は乗用車，無線通信機器，自動車部品である。その変化を記したのが表Ⅰ-3である。以下では，これら品目の輸出状況についてみていく。

（2）乗用車

米韓の乗用車関税は，2007年にブッシュ政権が合意した内容と，自動車貿易の不均衡などを理由に米韓FTAに否定的であったオバマ政権と再交渉した2010年とで異なる。07年では，韓国側は現行関税率8％をFTA発効と同

Ⅰ．米韓FTAと物品貿易

表Ⅰ-3　主な対米輸出品目の推移

(単位：万台，万トン，億ドル，％)

	乗用車		無線通信機器		自動車部品	
	台数	金額	台数	金額	量	金額
2011	59	86	4,342	92	61	47
12	68	103	2,338	55	66	53
13	75	121	2,392	73	68	57
14	90	147	2,746	81	73	60
15	108	175	2,389	71	71	60
16	97	156	2,210	73	34	58
17	85	146	1,706	60	59	48
18年	−	136	−	55	61	51
2011〜12	16.7	19.5	-46.1	-39.6	8.2	12.2
12〜13	10.2	17.5	2.3	31.8	3.2	8.0
13〜14	19.2	21.4	14.8	10.1	7.8	6.3
14〜15	20.5	19.3	-13.0	-11.7	-2.5	-1.2
15〜16	-10.6	-10.9	-7.5	3.2	-53.1	-2.6
16〜17	-11.9	-6.4	-22.8	-18.7	75.8	-17.9
17〜18年	−	-6.9	−	-8.3	4.1	6.2

資料：『貿易統計年報』（各年版），関税庁ホームページより作成。
注：1）「乗用車」は「HSコード8703」，同じく「無線通信機器」は「8517」，「自動車部品」は「8708」の数値である。
　　2）「−」は，公表データがないことを指す（執筆段階）。

時に撤廃し，アメリカサイドは現行関税率2.5％を，3,000cc以下は即時撤廃，3,000cc以上は発効後4年目に撤廃するというものであった。それが10年には，韓国側は現行関税率を1年目に4％へ引き下げたのち，5年目に撤廃すること，アメリカ側は現行の2.5％を維持したまま，5年目に撤廃することで最終決着している。したがって，両国ともすべての乗用車は，発効後5年目に撤廃するという点では共通している。

韓国による乗用車（HSコード8703）の対米輸出台数は，FTA発効前年では59万台であった。それが毎年10％台の増加率を記録し，15年には100万台を突破している。その結果，乗用車全体の輸出台数の1/3強がアメリカ向けで占めるようになっている。同様に輸出額も，発効前年は86億ドルであったが，1年目の12年には19.5％増の103億ドルへ増えている。その後もほぼ20％前後の増加率を記録し，15年には175億ドルまで増加している。それと同

時に対米輸出総額に占める乗用車のシェアも，11年の15.5％から12年は17.8％となり，15年には25.4％まで高まっている。

このように，FTA発効後の乗用車輸出は着実に増加し，輸出に占める割合を高めている。ただし，この間アメリカの乗用車関税は現行の2.5％が維持されたため，FTA効果による輸出拡大ではない。そこで，乗用車の関税が撤廃された2016年の輸出実績をみると，輸出台数は97万台と前年に対し1割落ち込み，輸出額は156億ドルと10.9％減少している。つまり，関税撤廃元年にもかかわらず，乗用車の輸出台数・金額ともにはじめて減少に転じている。こうした変化は一時的なものではなく，17年の輸出台数は85万台の11.9％減，金額も146億ドルと6.4％減少し，18年も金額は136億ドル（6.9％減）と減少が続いている。なお，執筆段階では18年の輸出台数を把握することができなかったが，1～11月までの輸出台数は73万台と公表している[3]。前年の同期間に比べ6.5％減少していること，また単純に73万台から1ヵ月平均を算出し年間に換算すると80万台となり，前年より5万台少ないことから推測すると，18年の台数も減少しているものと思われる。つまり，乗用車の輸出減が3年連続しており，米韓FTAにおいて経済効果の牽引を期待された乗用車は，新たなステージに入ったとみることができよう。

(3) 無線通信機器・自動車部品

携帯電話等の無線通信機器（同8517）のFTA発効前（2011年）の輸出額は，92億ドルと全品目のなかで最も大きく，対米輸出総額の16.5％を占めていた。それが発効1年目には55億ドルへ4割減少し，対米輸出総額に占めるシェアも9.6％と1割を切っている。しかし，その後再び輸出額は増加し，14年に81億ドルまで回復したが，15～16年は70億ドル台前半へ後退し，17年は60億ドルへ，18年も55億ドルへとさらに減少している。輸出台数では，11年の4,300万台が12年には2,300万台へ大きく減少している。それ以降，14年を除きほぼ2,200万～2,300万台で停滞し，17年には前年比22.8％減の1,700万台へ大幅な減少をみせるなど近年低迷している。なお，アメリカの無線通信機器

の関税率は，FTA発効以前からゼロであるため，米韓FTAの影響は無関係といってよい。

残りの表中の自動車部品は，自動車用部品（同8708）のみを対象としている。従来，自動車部品とした場合，その他にも「同8409」や「8407」なども含むが，それらを合わせても自動車部品全体の15％程度を占めるに過ぎない。つまり「8708」の動きをみれば，全体の傾向を確認できる。なお，米韓FTA以前の自動車部品の関税率は，一部無税のものもあるが，部品により1.3～10.2％の範囲にあった。これらはFTA発効後，即時撤廃している。2011年の輸出額は47億ドルであったが，12年には12.2％増の53億ドルとなり，14・15年には60億ドルを記録している。しかし16年には減少へ転じ，特に17年は前年比17.9％減と大きく減少したが，18年にはやや回復している。その一方で輸出量は，16年に前年の半減まで落ち込むが，17年には75.8％と大幅に増加し，18年も4.1％増の60万トンまで回復するなど変動が激しい。いずれにせよ，量・金額ともに発効前年の11年の水準に回帰した結果となっている。

このような近年の動きに対し韓国政府は，アメリカの経済状況や現地生産の拡大，アメリカ国内での競争激化などが，主な原因と分析している。

（4）その他品目

主要輸出品目が停滞するなかで輸出増を牽引したのが，2017年は石油製品（29.7％増，31億ドル）やコンピューター（45.4％増，24億ドル），鉄鋼製品（93.8％増，19億ドル）であり，18年は半導体（90.6％増，64億ドル），建設機械（32.4％増，14億ドル），石油製品（15.7％増，36億ドル）である。

石油製品は原油価格の世界的な上昇，コンピューターは需要の増加，鉄鋼製品は中国の環境政策による生産縮小で単価が上昇したこと，加えてアメリカのエネルギー産業での需要が増えたことが，要因である。この鉄鋼製品は，米韓FTA改定交渉でも取り上げられることになる（第Ⅷ章）。半導体はメモリー需要の増加により，また建設機械はアメリカの建設・設備投資の拡大や

住宅市場の好調が，要因である．

(5) FTA効果

　対米輸出の実績は2014年まで増加傾向にあったが，そこでのポイントは輸出増が米韓FTAによる効果であるのかどうかである．今回個別に取り上げた乗用車，無線通信機器，自動車部品のうち，無線通信機器は発効前からすでに無関税であり，乗用車の関税撤廃も16年からであった．したがって両者の輸出増の動きは，米韓FTA効果とは関係のないところで生じているといってよい．他方，残る自動車部品は，一部はFTA以前に無関税であったが，残りは発効後に即時撤廃している．しかしその増加率は，16～17年を除き概ね1割前後と総じて低い．加えて，対米輸出総額に占めるシェアをみると，3品目で3～4割を占めるが，自動車部品は一貫して7～9％に過ぎない．このようにみると，少なくとも輸出拡大期において，米韓FTAの恩恵を受けて輸出増加という結果が生じたというわけではない．輸出増という表面的な数値だけを捉え，それを米韓FTAの効果とストレートに結び付けると実像を見失うことになろう．

　その輸出も，2015・16年と2年続けて減少したが，17年には再び増加に転じ，18年は最高額を記録している．だが，世界全体の輸出増加ほどには増えていないこと，加えて輸出の拡大が期待された乗用車は，関税が撤廃されたにもかかわらず減少傾向に転ずるなど大きな変化がみられる．

4．対米輸入の全体像

　一方，輸入は，発効前の2011年の444億ドルが連続して減少し，13年に415億ドルまで低下している．14年に9.1％増の453億ドルを記録したが，15・16年は再び減少に転じ，16年の432億ドルは発効前の11年を下回る水準である．このように16年までは400億ドル台前半で推移していたが，17年には17.4％増の507億ドルと，はじめて500億ドルを突破し，18年も16.0％増の589億ド

Ⅰ. 米韓FTAと物品貿易

表Ⅰ-4　主な対米輸入品目の推移

(単位：億ドル，％)

	半導体製造用装置	半導体	航空機及びその部品
2011	28	40	28
12	27	45	31
13	20	40	27
14	25	40	20
15	26	39	33
16	27	37	38
17	60	40	28
18年	48	37	31
2011〜12	-1.8	10.7	10.9
12〜13	-27.8	-10.3	-14.0
13〜14	29.3	-0.7	-27.4
14〜15	2.1	-1.9	66.1
15〜16	5.7	-6.3	16.8
16〜17	119.3	7.8	-27.7
17〜18年	-19.4	-5.7	13.3

資料：韓国政府「韓・米FTA発効7年目の交易動向」（2019.3.15）より作成。

ルと拡大傾向にある。しかし，韓国の輸入総額自体も17年17.8％増，18年も16.1％増加していることから，アメリカからの輸入が特に急増したというわけではない。

　対米輸入額の多い主な上位品目をあらわしたのが**表Ⅰ-4**である。半導体製造用装置及び半導体は，米韓FTA発効前の2011年から16年まで増減はみられるが，概ね25億ドル及び40億ドル前後で推移していた。ところが17年には前者で2倍強，後者も1割弱増加している。この輸入増は，韓国において半導体関係への大規模国内投資がおこなわれたことが関係している。その反動で18年は半導体製造用装置で2割減少し，半導体は16年水準に戻っている。他方，航空機及びその部品は，17年には10億ドル減少したが，18年には再び30億ドル台へ回帰している。

　2017年の輸入増を牽引した主品目は，先の半導体製造用装置及び半導体で

あるが，その他にもLPG（液化石油ガス）や肉類がある。LPGは，すでに前年の16年で65.2％と大幅に増加していたが，17年も55.9％増の19.0億ドルを記録している。これは，アメリカのシェールガス生産の増加によるものが大きい。残る肉類については，次章で触れることにする。また18年の輸入増を牽引した主品目は，原油や天然ガス，LPGのエネルギー分野である。原油は，18年には520.1％増の45.0億ドルに達している。これは，輸入量の増加に加え，原油価格の高騰が影響している。天然ガスは，17年下半期より長期契約物量が導入されたことで，前年比179.2％増の22.5億ドルを記録している。LPGは，前年に引き続きアメリカの生産増が影響し，28.6億ドルへ50.2％増加している。このように近年は，エネルギー分野が急激に輸入上位品目に名を連ねるようになっている。

5．対米貿易収支

以上の対米輸出入により貿易収支は（図Ⅰ-1），2011年の119億ドルが発効1年目には28.1％増の152億ドルとなり，13年には200億ドル台へ突入し，15年に過去最高の258億ドルを記録している。しかし，16年には232億ドルへ1割減少し，さらに17年は対米輸出の増加を大きく上回る輸入増の結果，179億ドルと前年の23.2％の減少に，同様に18年も22.4％減の139億ドルまで低下している。つまり，米韓FTA発効後，16年にはじめて減少に転じた貿易黒字が連続して減少するとともに，その減少幅が大きくなり，また18年には発効1年目の水準を下回るなど，韓国サイドの貿易効果に対する米韓FTAの評価の転換点を迎えている。

注
（1）投資分野では，「内国民待遇，最恵国待遇，履行要件の賦課禁止，高位経営者及び理事会の国籍制限禁止」，サービス分野では「内国民待遇，最恵国待遇，市場アクセスの制限禁止，現地駐在義務の禁止」から免除される措置を網羅した目録47分野を指す。

（２）公企業の民営化，保健医療，教育・社会サービス全般，エネルギー，電気・ガスなど公共性の高い分野，専門職サービス分野，運送及び貨物サービス分野，環境サービスなど今後規制が強化される可能性のあるもの，あるいは新たな規制措置の導入が予想される44分野を網羅した目録である。
　　ただし，未来留保に関しては，協定の自己解釈の問題がある。詳細は拙著『FTA戦略下の韓国農業』（筑波書房，2014年）第3章を参照。
（３）韓国政府「2018年12月の自動車産業の月間動向」（2019年1月18日）。

Ⅱ. 米韓FTAと農産物貿易

1. 主要締結国との農産物関税譲許

　韓国の農産物輸入総額は，FTAの推進とともに増大してきた。WTO期（1995～2003年）では年平均100億ドルの輸入水準であったが，FTAを推進しはじめたFTA初期（2004～10年）は年平均200億ドル弱に，FTA中期（2011～15年）には同300億ドルへ拡大している[1]。WTO期は9年間，FTA初期は7年間，同中期は5年間であり，短期間での輸入額の増大というのが近年の特徴である。このうちFTA中期で韓国とFTAを発効したのが，アメリカやEU，オーストラリア，中国でなどあり，いずれも農産物貿易において競争力を有する国・地域である。

　表Ⅱ-1は，それらの国・地域の関税譲許を記している。アメリカからの韓国の農産物輸入額は29.8億ドルと，表中では中国に次いで2番目に大きい。対象品目数は1,531品目あり，そのうち16品目を交渉の対象から除外している。この16品目はすべて米である。したがって，例外品目を除く1,515品目が，期間の長短はともかく関税撤廃することとなり，関税撤廃率は99.0％に達する。そのうちFTA発効と同時に関税を撤廃する品目が578品目と，全体の37.8％を占める。即時撤廃を除く10年以内は764品目あり，全体の49.9％に達する。他方，10年以上の長期にわたって関税をゼロにする品目が173あるが全体の11.3％に過ぎない。したがって，韓国は農産物においても，総じて10年以内にほとんどの関税を撤廃する高水準のFTAをアメリカと締結していることが分かる。

　こうした傾向は，アメリカよりも遅れてFTA交渉を開始したが，発効は

表Ⅱ-1　主要FTA締結国との農産物関税

主要締結国	EU	アメリカ	オーストラリア	カナダ	NZ	中国
発効年	2011	2012	2014	2015	2015	2015
輸入額（億ドル）	13.6	29.8	17.4	6.5	4.5	35.5
対象品目	1,449	1,531	1,505	1,500	1,500	1,611
例外品目	16	16	158	211	194	548
即時撤廃	610	578	254	406	248	216
10年以内	629	764	672	812	650	373
10年以上	194	173	421	71	408	474
関税撤廃率	98.9	99.0	89.5	85.9	87.1	66.0

資料：韓国政府「各FTA詳細説明資料」より作成。
注：1）「輸入額」は，合意以前の3カ年平均である。
　　2）中国の輸入額のみ水産物を含む。
　　3）10年以内には即時撤廃は含まない。

先んじたEUとのFTAにも共通する。EUの農産物輸入額は13.6億ドルと，アメリカの半分である。対象品目数は1,449品目で，交渉から除外する例外品目は16品目であり，アメリカと同じく米が該当する。したがって関税撤廃率も，アメリカと同水準の98.9％である。

　一方，オーストラリアやカナダ，NZは関税撤廃率が80％台へ落ち，さらに中国は66.0％と低水準のFTAである。確かに中国サイドに立つと，FTAは韓国への安価な農産物の輸出拡大のチャンスであり，少しでも高水準の関税撤廃を望んでいたであろう。その一方で，当時はアメリカを中心としたTPP交渉がおこなわれ，韓国もTPP交渉への参加を模索しており，中国としては韓国を自陣営に取り込むために，韓国が締結しやすい低水準のFTAを容認したという国際政治上の駆け引きの結果といえる。これら4つのFTAの例外品目には，アメリカ・EUと同じくすべて米を含んでいる。だが，NZは韓国に米を輸出しておらず，米を例外品目に含める実質的な理由は存在しない。しかしそうした国々も含め，例外なくすべてのFTAから米を除外することで，韓国政府の断固たる姿勢を国内の米生産農家に訴える政治的シンボルとしての意味がある。加えて，これら4つのFTAでは米以外の例外品目もあり，オーストラリアで150品目，カナダやNZは全部で200品目前後，

中国は548品目を数え全品目の1/3に達する。例えば，オーストラリアは脱全脂粉乳・練乳・豚肉（冷凍）など，カナダは牛肉（冷凍）・脱脂粉乳・チーズなど，NZは豚肉（三枚肉）など，中国は牛肉・豚肉・ニンニク・タマネギなどが例外品目に該当する。

このように韓国は，国際競争力を有する主要な農産物輸出大国・地域とFTAを締結しているが，特にアメリカ及びEUとは米を除くすべての品目において，将来的には関税を撤廃する極めて高水準のFTAを結んでいる。では，米韓FTAによって，韓国への農産物貿易がどのように変容しているのかをみていく。

2．農産物貿易の全体像

米韓FTAの発効によって，農林畜産物の輸入がどのように変化しているのかを示したのが表Ⅱ-2である。このうちここでは，農畜産物のみを対象とする。また，発効前の輸入額は，直近の5年間（2007～11年）のうち最高と最低を除く3年平均（以下「5中3平均」）である。

発効前の輸入実績は，穀物，果実・野菜，加工食品を合わせた農産物が43.4億ドル，畜産物が11.5億ドルであった。これが発効初年の12年には，農産物が44.2億ドルへ微増している。ただしその構成をみると，穀物は14.8％減少したが，輸入額の大きい加工食品が40.3％増加したためプラスに転じている。穀物が減少した要因は，北米が異常高温と干ばつに見舞われ，トウモロコシの収穫に甚大な被害が生じたためである。その結果，トウモロコシの輸入は2011年の19.4億ドルから12年には9.3億ドルへ半減している。他方，畜産物は19.0億ドルへ，増加率にして64.6％も増えている。これは，かつてアメリカでBSEが発生し，韓国は06年までアメリカ産牛肉の輸入禁止措置をとっていた。だが，米韓FTA交渉の事前協議及び合意を経て，輸入制限を月齢30カ月未満まで緩和して牛肉輸入を再開し，少しずつ輸入が増えてきた結果，5中3平均にすると輸入額が小さくなるためである。

表Ⅱ-2 米韓 FTA 発効前後の農林畜産物の輸入実績

（単位：百万ドル，％）

			発効前平均	2012	13	14	15	16	17	18 年
金額	農産物	合計	4,344	4,422	3,642	5,090	4,418	4,357	4,887	5,849
		穀物	2,787	2,375	1,442	2,760	1,947	1,878	1,973	2,672
		果実・野菜	328	593	616	610	625	628	698	751
		加工食品	1,036	1,453	1,584	1,721	1,847	1,850	2,216	2,426
	畜産物		1,153	1,898	1,925	2,326	2,149	2,108	2,478	2,736
	林産物		795	793	852	918	878	717	761	788
	総計		6,292	7,113	6,419	8,334	7,445	7,182	8,126	9,373
変化率	農産物	合計		1.8	-17.6	39.8	-13.2	-1.4	12.2	19.7
		穀物		-14.8	-39.3	91.4	-29.5	-3.5	5.1	35.4
		果実・野菜		80.8	3.9	-1.0	2.5	0.5	11.1	7.6
		加工食品		40.3	9.0	8.6	7.3	0.2	19.8	9.5
	畜産物			64.6	1.4	20.8	-7.6	-1.9	17.6	10.4
	林産物			-0.3	7.4	7.7	-4.4	-18.3	6.1	3.5
	総計			13.0	-9.8	29.8	-10.7	-3.5	13.1	15.3

資料：韓国政府「韓・米 FTA 発効6年目の交易動向」（2018.3.14），「韓・米 FTA 発効7年目の交易動向」（2019.3.15）より作成。

注：1）「発効前平均」は，2007～11年の5中3平均である。
　　2）各年の変化率は，対前年比を示している。
　　3）理由は不明であるが，「韓・米 FTA 発効7年目の交易動向」では畜産物の数値のみこれまでの数値よりも少ない実績が記載されている。そのため畜産物及び総計については，18年以外はこれまでの公表実績を使用している。

　2年目の2013年には，前年に比べ農産物は17.6％減の36.4億ドルへ減少しており，特に穀物が40％も減少したことが影響している。これは，前年に引き続く異常高温と干ばつにより，トウモロコシの収穫が不調であったことに加え，小麦も影響を受けたためである。その結果，トウモロコシの輸入額は6,700万ドルと前年の1割弱まで減少し，小麦も12年の7.6億ドルから4.3億ドルへ43.9％減少している。他方，畜産物は19.3億ドルと前年とほとんど変化はみられない。

　3年目（2014年）の農産物は40％増加し，FTA発効後はじめて50億ドルを超えている。これは，穀物の輸入が2倍に増加したためである。その要因は，2年続けて発生していた異常気象が終息したことで，特にトウモロコシ

生産が回復し，輸入額が21倍増加したからである。同様に畜産物も，アメリカ国内でのトウモロコシ飼料の回復・確保により，前年に比べ20％増加した結果，はじめて20億ドルを突破するなど，これまでとは異なる動きをみせている。

ところが2015年の４年目は，農産物，穀物，畜産物ともに減少に転じており，特に穀物は30％も減少している。例えば，トウモロコシをみると，先のアメリカでの不作をカバーしたブラジルが，20％台後半の対米輸出でのシェアを占有し続けているのに加え，アメリカがバイオ燃料向けの需要を増やし，輸出向けが相対的に減少していることが影響している[2]。

こうした４年目の減少傾向は５年目（2016年）もつづいており，さらに減少傾向になかった果実・野菜も横ばいになるなど，アメリカからの農畜産物輸入が小康状態になりつつある。なお，FTA発効前の輸入額と比べ，農産物ベースではほぼ同水準，穀物は９億ドルほど減少し，畜産物は約10億ドル増え，果実・野菜も輸入額は小さいが1.9倍に増加するなど，分野間で生じている影響は異なる。

ところが2017年実績では，農産物の輸入額は３年ぶりに増加に転じ，12.2％増の48.9億ドルになっている。特に加工食品が約２割増と大きく増えている。また，減少傾向にあった穀物も5.1％の増加に転じており，特にアメリカでの小麦生産が回復し，輸入量24.3％・輸入金額13.4％増加したことが大きく影響している。加えて，畜産物も農産物と同様に減少傾向にあったが，17年には17.6％増の24.5億ドルと，FTA発効後最高を記録している。

引き続き７年目の2018年も農産物輸入額は増加しており，前年よりも10億ドル増の58億ドル（19.7％増）へ拡大している。なかでもトウモロコシが65.8％も増加したため，穀物は35.4％と大幅に増加している。また畜産物も１割増の27億ドルとなっており，それは牛肉及び豚肉の増加によるものである。そこで，より踏み込んでみていくため，牛肉と豚肉に焦点をあて，輸入の変化を確認したい。

3．牛肉

　米韓FTAによる国内農業への影響で最も懸念されたのが牛肉である。牛肉の関税は，現行関税率40％をFTA発効から15年かけて撤廃することで合意している。つまり，毎年2.7％ずつ関税を削減していくということである。したがって，2019年の牛肉関税は，21.6％削減され18.4％となる。

　牛肉の輸入全体とアメリカからの輸入実績を示したのが**表Ⅱ-3**である。表の左側は，FTA発効前年の2011年以降18年までの各年実績を，右側は直近の5中3平均を記している。各年の輸入実績をみると，FTA発効前年の11年は全体で30.8万トンを輸入している。アメリカからの輸入は全体の37.5％に相当する11.5万トンである。輸入額は全体で15.2億ドルであり，アメリカは全体の39.4％にあたる6.0億ドルである。発効1年目（12年）の牛肉輸入は，全体でも重量・金額ともに15％前後減少しているが，アメリカからの輸入はそれを上回る20％近い減少率を記録している。牛肉輸入の減少は，国内での要因が大きく関係している。韓国では2010年末に口蹄疫が発生したことで大規模な家畜処分がおこなわれ，国内生産の不足を補うために11年は牛肉輸入が重量で17.8％，金額で40.9％増加している。12年はその反動と，国内の家畜生産が回復・急増し，国内価格が下落したため，牛肉の輸入が減少したということである。実際，表には記していないが，10年の牛肉輸入量は12年のそれとほぼ同水準である。

　2013年以降，輸入全体では重量は緩やかに，金額は1～2割ずつ増加しながら，16年には重量が前年より24.0％増の36.6万トンと大きく増え，金額も20.9億ドルとはじめて20億ドルを突破した。その後も増加が続き，18年には重量で40万トンを超え，金額も26.9億ドルと高水準が継続している。これに対しアメリカからの輸入は，13年に重量が3.1％減少したが，金額はむしろ1割強増えている。14年以降は重量・金額ともに増え続け，16年の重量は前年の約1.5倍増となり，18年には21万トンとFTA発効後最高水準を記録し，

Ⅱ．米韓FTAと農産物貿易

表Ⅱ-3　米韓FTA発効前後の牛肉輸入の推移

(単位：トン，百万ドル，％)

	重量		金額		重量		金額			
	計	アメリカ	計	アメリカ	計	アメリカ	計	アメリカ			
2011	307,613	115,334	1,522	599	235,163	58,766	939	287	07～11		
12	264,378	95,082	1,260	472	250,086	79,797	1,100	380	08～12		
13	267,577	92,145	1,396	529	264,371	90,683	1,245	465	09～13		
14	279,706	101,774	1,673	706	270,554	96,334	1,393	533	10～14		
15	295,368	106,493	1,816	749	280,884	101,116	1,530	611	11～15		
16	366,390	156,078	2,092	967	280,884	101,116	1,628	661	12～16		
17	379,064	177,446	2,263	1,177	313,821	121,448	1,860	807	13～17		
18年	415,479	210,613	2,692	1,548	346,941	146,672	2,057	964	14～18年	①	5中3平均
11～12	-14.1	-17.6	-17.2	-21.3	6.3	35.8	17.2	32.3		②	
12～13	1.2	-3.1	10.8	12.1	5.7	13.6	13.2	22.4		③	
13～14	4.5	10.4	19.9	33.5	2.3	6.2	11.8	14.6		④	
14～15	5.6	4.6	8.5	6.0	3.8	5.0	9.9	14.7		⑤	
15～16	24.0	46.6	15.2	29.1	0.0	0.0	6.4	8.2		⑥	
16～17	3.5	13.7	8.2	21.7	11.7	20.1	14.2	22.1		⑦	
17～18年	9.6	18.7	18.9	31.5	10.6	20.8	10.6	19.4			

資料：『貿易統計年報』（各年版），関税庁ホームページより作成．

注：①は，「07～11年」と「08～12年」の5中3平均との変化率を示している．同様に，②は「08～12年」と「09～13年」，③は「09～13年」と「10～14年」，④は「10～14年」と「11～15年」，⑤は「11～15年」と「12～16年」，⑥は「12～16年」と「13～17年」，⑦は「13～17年」と「14～18年」である．

31

金額も15.5億ドルと10億ドルを突破するなど,特に近年の増加の幅が大きく,輸入全体の増加を牽引している。その一因は,韓国国内での牛肉消費が増加傾向にあるためであり,現在消費の6割前後は輸入牛肉である。

一方,5中3平均をみると,アメリカからの牛肉輸入量・金額には,次の3つの特徴が確認できる。第1は,両者ともどの期間も確実に増加していることである。第2は,輸入全体の増加率よりも,すべての期間においてアメリカの増加率が大きいことである。第3は,近年のアメリカの増加率は重量・金額ともに2割前後と大きいことである。

このようにアメリカからの牛肉輸入が増加基調にあるなか,米韓FTAではアメリカ産牛肉の輸入急増に対しては,セーフガード(SG)を設けている。発動基準は,輸入量が1年目で27万トンを超えればSGが発動され,毎年0.6万トンずつ基準量を上乗せし,関税撤廃の15年目は35.4万トンが発動基準となる。SGを発動した場合,発効1～5年目までは現行関税率40％を適用し,6～10年目は現行関税率40％の75％を,同様に11～15年目は60％を適用する。

韓国の牛肉消費量は,FTA発効前の5中3平均では39.9万トンである。1年目のSG発動基準が27万トンであり,これは39.9万トンの2/3に相当する。つまりアメリカ一国だけで,韓国の牛肉消費量の2/3を超える輸入がおこなわれて,はじめてSGが発動するということである。したがって,極めて高いハードルが課されており,SG発動の可能性はほぼ無いといっても過言ではない。さらに発動基準の裏を返せば,国内生産は残る1/3でもやむを得ないという「本音」も感じられる。

ところで韓国の牛肉輸入は,アメリカとオーストラリアの2カ国で重量・金額ともに9割強を占めている(表Ⅱ-4)。重量でみると,2012～15年はオーストラリアのシェアが55％前後,アメリカのそれが35％前後であった。だが,16年にはオーストラリアが5割を切って49.1％に,アメリカは4割を超え42.6％と両者の差が縮まっている。17年には,オーストラリアの45.5％に対しアメリカは46.8％となり,BSEによるアメリカ産牛肉の輸入解禁以降,はじめて両者が逆転している。これは,金額においても同様である。さらに

II. 米韓FTAと農産物貿易

表II-4 輸入牛肉をめぐる米・豪シェアの推移

(単位:%)

	重量			金額		
	アメリカ	オーストラリア	その他	アメリカ	オーストラリア	その他
2011	37.5	**49.6**	12.9	39.4	**50.6**	10.1
12	36.0	**52.2**	11.9	37.4	**53.6**	8.9
13	34.4	**55.0**	10.6	37.9	**54.3**	7.8
14	36.4	**54.5**	9.1	42.2	**50.6**	7.2
15	36.1	**56.7**	7.2	41.3	**53.6**	5.2
16	42.6	**49.1**	8.4	46.2	**47.6**	6.1
17	**46.8**	45.5	7.7	**52.0**	42.3	5.7
2018年	**50.7**	42.4	6.9	**57.5**	37.6	4.9

資料:『貿易統計年報』(各年版),関税庁ホームページより作成。
注:「太字」は,シェアの最も大きな数値を指す。

18年にはアメリカのシェアが重量で50.7％と5割を超え,金額ベースでも57.5％と6割に迫る勢いである。

なお,韓豪FTAにおける牛肉関税は,米韓FTAと同一条件で,現行関税率40％を15年かけて撤廃する。韓豪FTAは,アメリカより2年遅れの14年に発効したため,関税率ではアメリカの方が5ポイント強優位な状況にある。

4. 豚肉

畜産部門では,牛肉に並んで影響が懸念されたのが豚肉である。豚肉の関税は,①冷蔵三枚肉とその他(カルビなど),②冷蔵肉(胴体)や豚肉加工品など,③冷凍豚肉,の大きく3つに区分できる。①は,現行関税率22.5％を毎年2.25％ずつ削減し,発効後10年目に撤廃する。したがって8年目の2019年は,関税率が4.5％まで縮減している。②は,冷蔵肉は22.5％,豚肉加工品は27～30％など多様であるが,3年目の14年に関税撤廃する。③の現行関税率も25％であり,毎年5％ずつ引き下げ5年目(16年)に撤廃している。

表II-5は,豚肉の輸入実績をあらわしている。各年の輸入実績をみると,FTA発効前の2011年は,豚肉全体の輸入量が48.7万トン,輸入額は14.4億ド

表Ⅱ-5　米韓FTA発効前後の豚肉輸入の推移

(単位：トン、百万ドル、%)

	重量		金額		重量		金額		
	計	アメリカ	計	アメリカ	計	アメリカ	計	アメリカ	
2011	487,170	150,112	1,438	461	319,072	91,714	786	206	07～11
12	380,927	120,115	1,131	351	333,153	102,707	875	254	08～12
13	292,744	100,988	822	272	332,868	103,474	875	269	09～13
14	363,020	108,082	1,158	348	345,564	109,728	1,037	324	10～14
15	453,119	135,618	1,320	402	399,022	121,272	1,203	367	11～15
16	464,920	137,218	1,268	352	399,022	121,272	1,185	350	12～16
17	489,509	152,890	1,527	402	427,020	126,973	1,249	367	13～17
18年	571,193	196,385	1,734	527	469,183	141,909	1,372	385	14～18年
11～12	-21.8	-20.0	-21.4	-23.9	4.4	12.0	11.3	23.2	①
12～13	-23.1	-15.9	-27.3	-22.5	-0.1	0.7	-0.1	6.0	②
13～14	24.0	7.0	40.8	28.1	3.8	6.0	18.5	20.3	③
14～15	24.8	25.5	14.0	15.5	15.5	10.5	16.0	13.4	④
15～16	2.6	1.2	-3.9	-12.6	0.0	0.0	-1.4	-4.6	⑤
16～17	5.3	11.4	20.4	14.4	7.0	4.7	5.3	4.9	⑥
17～18年	16.7	28.5	13.5	30.9	9.9	11.8	9.9	4.9	⑦
									5中3平均

資料：「貿易統計年報」（各年版）、関税庁ホームページより作成。

注：①は、「07～11年」及び「08～12年」の5中3平均との変化率を示している。同様に、②は「08～12年」と「09～13年」、③は「09～13年」と「10～14年」、④は「10～14年」と「11～15年」、⑤は「11～15年」と「12～16年」、⑥は「12～16年」と「13～17年」、⑦は「13～17年」と「14～18年」である。

ルで，アメリカからの輸入量は15.0万トン，輸入額4.6億ドルである。つまりアメリカ産の豚肉は，輸入量・金額ともに全体の約3割を占めている。発効1～2年目の全体の輸入量・金額は，2割近く減少したが，14～15年はともに大きく増加している。輸入量は16年以降も緩やかに増加し，18年には16.7％増えて60万トンに近づき，金額も16年に4％減少したが，17・18年は1～2割増と再び大幅増に転じている。

他方，アメリカからの輸入は，全体と同じく発効直後は輸入量・金額ともに2割前後減少した。その後は，輸入量は2014年以降増加傾向にあり，特に15年25.5％，18年28.5％と大きく増えた結果，18年は約20万トンとFTA発効後過去最高を記録している。これらは，加工用食品の原料肉の増加が影響している。輸入額は，特に直近では3割増えるなど増加が強まっている。

他方，5中3平均をみると，重量は全体及びアメリカともに概ね増加傾向にある。金額もほぼ重量と同じ様相といえる。しかし，全体及びアメリカともにFTA発効前を超過していること，加えてここ数年増加傾向を強めている点で共通している。

また米韓FTAでは，牛肉同様に豚肉にもSGを用意している。ただし，先の3つの区分のうち①のみに適用される。発動基準は，輸入量が1年目は8,250トンを超えればSGが発動する。その後，毎年6％ずつ基準量を上乗せし，10年目は13,938トンを発動基準としている。SGを発動した場合，発効1年目から5年目までは現行関税率22.5％を適用し，6年目はその70％とし，以降毎年5％ずつ削減し，10年目には現行関税率の半分まで引き下げることになっている。

なお，2018年のアメリカからの豚肉輸入は，重量・金額ともに輸入全体の3割程度を占め，FTA発効前とほぼ同じである。最もシェアの大きい輸入先はEUであり，11年の重量・金額で4割強を占めていた。11年7月に韓EUFTAを発効したのち，14年以降はいずれも5割強までシェアを拡大・維持している[3]。豚肉の競争力が高いEUとのFTAでは，豚肉の現行関税率22.5％を10年かけて撤廃するため，条件はアメリカと同一である。その韓EU

FTAは，アメリカよりも1年早く発効しているため，アメリカはEUよりも2.25％関税率が不利な状況にある。

5．TPPとの比較

　以上みてきたように，米韓FTAの関税譲許は米を除くすべての品目が，最終的には関税を撤廃するということであった。日本の場合，TPPにおける農産物の関税撤廃率が81.0％であることからも，米韓FTAはハイレベルのFTAということが分かる。

　FTA発効後の農畜産物輸入は，金額の大きい穀物の動きに左右される形で，輸入額が増減していた。その一方で，畜産物は2015・16年に一時停滞がみられたが，それ以外では増加基調にあった。畜産物のなかでも特に牛肉及び豚肉が輸入増を牽引しており，まだ関税縮減の途中段階にもかかわらず，かなりの輸入の増加がみられるというのが実態である。

　その関税は，米韓FTAでは15年かけて牛肉の関税をゼロにすることで合意していた。他方，TPPでは，牛肉の現行関税率38.5％を発効時に27.5％まで引き下げ，10年目に20.0％，16年目に9％とするものであった。つまり日本は，牛肉関税は引き下げるが撤廃しないということであり，この点で韓国はより厳しい条件を受け入れていることが分かる。牛肉の輸入は，各年では韓国国内での口蹄疫の問題等の影響で，1年目の輸入量・金額は減少していたが，2年目以降概ね増加傾向にあった。特に16年は韓国国内での牛肉消費の伸びが大きく，それに牽引される形で輸入全体及びアメリカからの輸入も大きく増えていた。また5中3平均ではどの期間も輸入増を記録しており，着実かつ安定的な輸入増が確認できた。

　豚肉は，冷蔵・冷凍，さらには部位によって現行関税率は異なるが，遅くとも発効から10年目には撤廃される。TPPでの日本の豚肉関税は，韓国とは異なり二層式になっている。従量税部分では，現行の1kg当たり482円を発効1年目に125円まで一気に引き下げ，10年目には50円とする。従価税は，

現行関税率4.3％を発効1年目に2.2％まで半減し，10年目に撤廃することで合意していた。豚肉も，関税をすべてゼロにする韓国の方がより厳しい条件を容認していた。豚肉輸入は，FTA発効当初は輸入量・金額ともに減少傾向が続いていたが，2014年以降輸入量では継続して増加，金額も概ね増加するなど，近年は増加基調にある。

　こうした事態を想定して，韓国政府はアメリカはもちろんのこと，さらには他の国・地域とのFTAも対象に，安価な農産物輸入によって国内生産に影響を与える場合の対策を準備している。それが次章のFTA被害補填直接支払い，FTA廃業支援である。

注
（1）チ・ソンテ他『FTA履行による農産物輸入構造の変化と政策課題』韓国農村経済研究院，2016年，p.17。
（2）磯田宏『アグロフュエル・ブーム下の米国エタノール産業と穀作農業の構造変化』筑波書房，2016年。
（3）EUについては，前掲『FTA戦略下の韓国農業』（第4章）及び拙稿「韓EU FTAと商品・農産物貿易」（『文化連情報』No.478，2018年）を参照。

Ⅲ．FTA被害補填直接支払い・廃業支援

1．FTA農業対策

　韓国では，農産物輸出大国と締結したFTAによって安価な農産物が流入することへの対応として，米韓FTA交渉が合意した翌2008年にFTA農業対策を講じている。米韓FTAの発効は12年であり，したがって07年の合意を契機とし，反対する農民の不安を和らげるための先行対策である。なお，このFTA農業対策は，アメリカだけを対象としたものではなく，米韓FTA以降も締結するすべてのFTA相手国からの影響もカバーする包括的なものである。その根底にあるのは，FTA農業対策がアメリカという農産物輸出大国による国内農業への影響に対応できれば，他のFTA相手国からの影響にも対応できるということである。

　FTA農業対策の支援内容は，①「品目別競争力強化」，②「農業の体質改善」，③「短期的被害補填」の３つに分かれる。このうち①・②は，国際競争力を高めることに主眼をおくものであり[1]，事業ベースで全体の96.7％，予算額ベースで94.0％を占める。残る③は，FTA被害に対する直接的な対策事業であり，具体的には「FTA被害補填直接支払い」及び「FTA廃業支援」を指す。したがって，FTA農業対策の本質は国内農業の体質強化にあり，割り切っていえば競争力を有する農家のみ残存する，あるいは残存できればよいということである。そのため，FTAによる国内農業への被害に対する直接的なカバーは次善ということになる。そのことは，③の「短期的」が明示しており，後述するようにあくまでも時限的な支援，対処に過ぎない。本章では，FTA被害への直接的な対策である③に限定して，FTA被害補填直接

支払い及びFTA廃業支援の仕組みや実績等についてみていくことにする。

2．FTA被害補填直接支払い

(1) 制度の仕組み

FTA被害補填直接支払いは，その前身は韓チリFTAで導入した所得補填直接支払いであるが，FTA農業対策の導入とともにそのなかに組み込んだものである。その後も少しずつ制度を変更しているが，そのプロセスは別稿に譲り[2]，現在の仕組みを整理すると次のとおりである。

まずFTA被害補填直接支払いは，FTAを締結したすべての相手国が対象であり，対象の期間は各FTA発効後10年間と定めている。FTAにより被害が生じたと認定する判断基準は，直近5年のうち最高と最低を除く3カ年平均（以下「5中3平均」）と当該年とを比較し，①当該品目の総輸入量が増加していること，②FTA締結国からの輸入量が増加していること，③国内価格が10％以上下落していること，の要件をすべてクリアしなければならない。

クリアすると，交付金は平均価格（＝5中3平均）の90％を基準価格とし，当該年価格が基準価格を下回る場合，基準価格と当該年価格の差額の95％を算出し，その金額にFTAによる被害に限定した輸入寄与度を乗じて決定される。当該年価格の低下は，国内の生産増加や消費の減退といった国内要因も含まれるため，輸入寄与度はそれらの影響を排除するものである。

(2) 事業実績

表Ⅲ-1は，2013年以降の対象品目をみたものであり，全部で18品目（実数）を数える。このうち当初から，国内農業への影響が懸念されたのは韓牛とブドウであり，その他は想定外の品目であった。つまり，FTAによる影響は多岐にわたるとともに，予測が難しいということが分かる。

表中に記す総輸入量，FTA締結国輸入量，国内価格の3項目が，先の3

Ⅲ．FTA 被害補填直接支払い・廃業支援

表Ⅲ-1　FTA 被害補填直接支払いの対象品目

(単位：トン、ウォン/kg、千ウォン/頭、％)

		総輸入量		FTA締結国輸入量		国内価格		減少率	輸入寄与度	交付金	価格カバー率	
		平均	当該年	平均	当該年	平均	当該年				平均	基準
2013	韓牛（肥育）	235,163	264,378	58,766	95,082	5,833	4,664	20.0	24.7	130	82.2	91.3
	韓牛（繁殖）					2,483	1,517	38.9	12.9	83	64.4	71.6
14	キビ	4,362	5,853	329	618	5,829	4,546	22.0	13.4	84	79.4	88.3
	ジャガイモ	92,644	151,634	83,942	137,066	1,039	782	24.7	36.0	50	80.0	88.9
	サツマイモ	899	1,253	4	299	1,749	1,465	16.2	0.6	1	83.8	93.1
	韓牛（繁殖）	278,276	300,491	95,321	101,841	2,004	1,636	18.4	31.0	47	84.0	93.3
15	大豆	313,620	327,758	223,912	244,013	5,540	3,653	34.1	23.0	276	70.9	78.8
	ジャガイモ	113,670	153,471	106,493	139,821	1,039	794	23.6	66.7	85	84.6	94.0
	サツマイモ	1,120	1,782	16	938	1,776	1,444	18.7	1.9	3	81.5	90.5
	チェリー	5,993	13,360	6,079	13,080	9,858	8,279	16.0	94.4	504	89.1	99.0
	メロン	1,419	1,611	1,528	1,611	2,550	2,181	14.5	4.8	5	85.7	95.2
	露地ブドウ	24,902	26,268	25,895	26,179	2,917	2,246	23.0	20.3	69	79.4	88.2
	施設ブドウ	39,162	53,876	40,957	53,288	6,208	4,529	27.0	20.3	193	76.1	87.4
	鶏肉	106,155	124,466	64,301	72,089	1,857	1,566	15.7	20.1	19	85.4	94.9
	栗	8,290	8,412	28	54	2,966	2,634	11.2	1.0	0	88.8	98.7
16	ニンジン	101,791	102,118	423	4,807	1,087	835	23.2	1.3	2	77.0	85.5
	露地ブドウ	26,693	30,910	27,980	30,905	2,625	2,261	13.9	20.7	20	86.9	96.5
	施設ブドウ	42,902	53,588	44,882	53,442	5,587	4,665	16.5	20.7	71	84.8	94.2
	ブルーベリー	11,189	17,529	11,610	17,350	24,017	17,084	28.9	58.6	2,523	81.6	90.7
17	桔梗	10,906	12,196	11,452	12,196	5,511	3,948	28.4	25.2	242	76.0	84.5
18年	クルミ	26,858	31,224	28,036	31,216	11,056	8,732	21.0	98.7	1,144	89.3	99.2
	マッシュルーム	71	109	82	109	6,282	5,538	11.8	16.7	18	88.4	98.3
	桔梗	11,611	12,464	12,192	12,464	4,803	4,244	11.6	25.5	19	88.8	98.6
	エン麦	15,320	25,942	16,874	24,126	2,398	1,439	40.0	91.9	628	86.2	95.8

資料：農林畜食品部「FTA 被害補填直接支払い及び廃業支援対象品目の行政予告」（各年版）を加筆・修正。

注：1）「年」は、FTA 被害補填直接支払いの支給年を指す。
2）「輸入量」と「国内価格」は、交付前年の実績である。
3）「平均」は、直近5年のうち最高・最低を除く3年平均を指す。
4）「交付金」は、2016年から補填率を90％から95％へ引き上げている。
5）「価格カバー率」は、基準価格及び基準価格（平均価格の90％）に対する「当該年価格＋交付金」の割合である。
6）「0」は小数点以下の数値しかないことを示している。

要件(①～③)に該当する。2013年の韓牛(繁殖)を例にみると,①の要件である総輸入量は⁽³⁾,5中3平均の23.5万トンに対し,当該年にあたる12年は26.4万トンと2.9万トン上回っている。FTA締結国からの輸入量も,当該年は5中3平均の5.9万トンを3.6万トン上回り,②の要件もクリアしている。③の国内価格も,1頭当たりの平均価格248.3万ウォン(1ウォンは約0.1円)に対し,当該年の価格は151.7万ウォンと38.9%下落しており,要件を満たしている。また,輸入寄与度は12.9%と算定しており,国内価格下落の9割は国内要因によるものと判定している。

以上の結果から,FTA被害補填直接支払いの交付金は1頭当たり8.3万ウォンとなる。つまり,農家は当該年価格151.7万ウォンに交付金8.3万ウォンを加えた160.0万ウォンを得ることになる。これがどの程度の補填になるのかを示したのが,表中右端の「価格カバー率」である。分母を平均価格にすると,カバー率は64.4%となる。他方,基準価格にすると71.6%となる。いずれにせよ,FTA被害補填直接支払いを受給しても,7割前後のカバーにとどまる。

全18品目でみると,輸入寄与度では国内生産がほとんどないクルミ,チェリー,エン麦の3品目のみ90%台と突出して高いが,ほとんどの品目が30%以下である。したがって,多くがFTA相手国からの輸入を原因とした国内価格の低下ではないとの判断である。カバー率では,平均価格で最もカバー率の低いのが先の韓牛(繁殖)の64.4%で,それ以外は70～80%台の範囲にある。同様に基準価格では,韓牛(繁殖)の71.6%を最小に,多くが80～90%台のなかに位置し,最もカバー率の高いのがチェリー・クルミの99%である。品目によって,特に国内価格の下落率や輸入寄与度の大きさによって,カバー率は大きく異なる。

拙著ですでに指摘したように⁽⁴⁾,FTA被害補填直接支払いが抱える問題—5中3平均で決定される基準価格の不安定性,輸入寄与度算定の不透明性,安価な輸入農産物との代替関係にある国内農産物の消費・価格への影響などは,依然現存している。

（3）支給対象外の主要品目

　また，近年FTA被害補填直接支払いの対象とならなかった主要品目のうち韓牛（肥育・繁殖），豚肉の3要件（①～③）の状況をみたのが表Ⅲ-2である。表中の数値は，基準となる5中3平均に対する当該年の割合を示したものである。つまり，輸入量では1を超えると輸入量が増加していること，国内価格では1を下回ると価格が下落していることを意味する。

　韓牛の肥育・繁殖をみると，2015～18年ともに輸入量はすべて1を超え増加している。それにもかかわらず国内価格は上昇し，特に17年の繁殖は5中3平均の約2倍の水準にあるため，FTA被害補填直接支払いの対象外となった。こうした傾向は，豚肉にもあてはまる。

　つまり，輸入の増加により国内供給量全体が増えているにもかかわらず，国内価格は上昇しているということである。牛肉を例にみると，その背景には第1に，輸入牛肉の増加による供給過剰ではなく，パラレルに国内消費も増加しているためである。米韓FTAを発効した2012年の牛肉消費量は48.6万トンであった。それが13年の51.9万トン以降増加がつづき，16年には過去最高の59.4万トンを記録し，17年も58.3万トンの高水準を維持している。この消費増をカバーしているのがアメリカや，米韓FTA以降に発効したオーストラリアからの輸入牛肉である。その結果，消費量に対する国内供給量は4割前後まで低下している。

　第2に，増加する輸入牛肉の価格が上昇傾向にあるためであり，そこにはアメリカやオーストラリアでの飼養頭数の減少，さらには中国の牛肉消費の増加など国際的な需給変化が関係している。例えば，韓国における牛肉の輸入総額を輸入総量で除した1トン当たりの平均輸入価格をみると，2012年には4,766ドルであったが，13年には5,216ドルへ上昇している。その後も15年には6,000ドルを突破し，18年も6,479ドルと12年に比べ4割近く上昇している。国別では，アメリカは12年の4,961ドルが18年には7,350ドルと過去最高を記録し，オーストラリアも12年の4,899ドルが，18年まで概ね5,500ドル前後と

表Ⅲ-2 FTA被害補填直接支払いの対象外となった韓牛・豚肉の3要件状況

	2015			16			17			18年		
	総輸入量	FTA締結国輸入量	国内価格	総輸入量	FTA締結国輸入量	国内価格	総輸入量	FTA締結国輸入量	国内価格	総輸入量	FTA締結国輸入量	国内価格
	(1)	(2)	(3)	(1)	(2)	(3)	(1)	(2)	(3)	(1)	(2)	(3)
韓牛（肥育）	1.06	1.02	1.14	1.09	1.06	1.35	1.30	1.24	1.50	1.35	1.27	1.28
韓牛（繁殖）	1.06	1.02	1.31	1.09	1.06	1.66	1.30	1.24	1.98	1.35	1.27	1.70
豚肉	1.15	1.12	1.32	1.32	1.20	1.31	1.17	1.11	1.12	1.23	1.16	1.23

資料：農林畜産食品部「FTA被害補填直接支払い及び廃業支援対象品目の行政予告」（各年版）より作成。

注：1）「年」は、FTA被害補填直接支払いを支給した年を指し、「総輸入量」「FTA締結国輸入量」「国内価格」は支給前年の実績にもとづく。

2）表中の数値は、5中3平均に対する当該年の割合をあらわす。

3）「太字」は、FTA被害補填直接支払いの要件をクリアしていることを指す。

Ⅲ．FTA被害補填直接支払い・廃業支援

15％程度高くなっている。

　第3は，国内生産が極めてタイトな状況にあるためである。後述する廃業支援によって，韓国では繁殖農家が減少したため母牛が不足し，その結果子牛価格が高騰することで，牛肉の国内価格の上昇に結び付いている（第Ⅳ章を参照）。これら国内・外の生産及び消費の変容が，輸入牛肉の増加にもかかわらず，国内価格が上昇している主な理由である。

　以上のように3要件（①〜③）の状況を確認することにより，FTA被害補填直接支払いの対象にならなかったからといって，輸入量や国内価格に影響がなかったということではないことが分かる。

3．FTA廃業支援

(1) 制度の仕組み

　FTA廃業支援は，営農が困難な農家が廃業もしくは専業農家へ農地等の生産手段を売却する場合に，一定の交付金を支給する事業である。FTA被害補填直接支払いと同様に，当初は韓チリFTA対策として導入したが[5]，その後FTA農業対策に組み込んだものである。

　仕組みとしては，第1に「FTA締結による農漁業者等の支援に関する特別法」第9条にもとづき，果樹・施設園芸・畜産などを対象に，それらを継続して栽培あるいは飼育することが困難と認定した品目に対して支援すると定めている。つまり，穀物類は対象にならないということである。

　第2は2020年までの期間限定であること[6]，第3は同法「施行令」第6条により，FTA被害補填直接支払いの対象品目から選ばれる。第4は，第3の対象品目のなかで，次のいずれかの条件を満たさなければならないことである。すなわち，①投資費用が大きく，廃業時に投資費用を回収することが困難な品目，②栽培・飼育期間が2年以上，かつ短期間で収益をあげることが難しい品目，③その他に支給の必要性が認められた品目，である。

　廃業支援では，当該品目の純収益（粗収入－生産費）に廃業面積（頭数）

を乗じた金額の3年分が支払われる。廃業支援を受けた農家は，当該品目を含む品目群に対し，④5年間栽培（飼育）できず，かつ⑤競争力を高める支援事業を受けることができない。換言すると，廃業はあくまでも当該品目群に限るのであり，必ずしも離農を意味するわけではない。加えて，当該品目群をやめるのも受給後5年間であり，その後は再度栽培（飼育）することができるという点で一時的な廃業も含まれる。

(2) 事業実績

FTA廃業支援の支給実績を示したのが**表Ⅲ-3**である。FTA被害補填直接支払いはこれまで18品目が支給対象であったが，そのうちの10品目が廃業支援の対象となっている。最も実績が多かったのが，米韓FTA発効後の2013年である。13年は韓牛の肥育と繁殖が支給対象となり，肥育牛は7万頭に対し564億ウォンを，繁殖牛には19万頭に対し1,619億ウォンを支給している。

表Ⅲ-3　FTA 廃業支援の支給実績

(単位：百万ウォン)

	対象品目	廃業規模	支給金
2013	韓牛（肥育）	7万頭	56,439
	韓牛（繁殖）	19万頭	161,887
14	韓牛（繁殖）	2.3万頭	19,601
15	チェリー	3ha	111
	露地ブドウ	1,406ha	83,062
	施設ブドウ	269ha	23,864
	鶏肉	1.3万羽	7,236
	栗	283ha	708
16	露地ブドウ	1,439ha	87,262
	施設ブドウ	201ha	18,353
	ブルーベリー	529ha	91,109
17	該当なし	-	
18年	クルミ		
	マッシュルーム		

資料：「農林畜産食品部資料」より作成。
注：1）表中の実績は，申請基準にもとづく。
　　2）18年実績は，執筆段階では把握できなかった。

Ⅲ．FTA被害補填直接支払い・廃業支援

1頭当たりに換算すると，肥育牛は80.6万ウォン，繁殖牛は85.2万ウォンの補償となる。

その他には，2015・16年と連続して受給している露地及び施設のブドウがある。露地ブドウには，両年とも1,400ha程度に対し800億ウォン台を支給し，施設ブドウも200ha台に対し200億ウォン前後を支給している。17年は，はじめて対象品目がゼロであったが[7]，18年はクルミとマッシュルームの2品目が受給している。

（3）「追い出し効果」

このようなFTA廃業支援の実績がみられるなか，問題はFTAの被害と農家の廃業との直接的な因果関係である。つまり，品目としてはFTAの被害が認められたということであるが，廃業支援の申請農家レベルでみると，申請に至る理由は次のいずれかが該当しよう。第1は，実際に米韓FTAの被害を受け，廃業支援を受給し廃業あるいは離農したケースである。第2は，自家経営としてはさほどの被害はないが，今後大きな被害が予想されるため，その前に廃業支援を受けて廃業・離農したケースである。第3は，自家経営の後継者不在や高齢化問題を抱えるなか，廃業支援による補償を契機として，このタイミングで離農したケースであり，米韓FTAは直接的な原因とはいえない。厳密にどこまでが米韓FTAによる直接的な廃業や離農と線引きできるのか難しい。しかし，当初予算額を超える廃業申請があったことや[8]，後述する実態調査を踏まえると，米韓FTAと廃業支援を通じて，廃業・離農農家の所得補償，それによる構造改善，さらには国内の生産調整にも寄与する「追い出し効果」があったといえよう。

ここで「追い出し効果」としたのは，FTA被害補填直接支払いでは，輸入寄与度に応じて補償額を決定していた。ところが，廃業支援では輸入寄与度は関係なく，全額補償される。つまり，現存の農家に対しては，輸入増を理由とする部分のみに限定して補償するのに対し，廃業・離農する農家には全額補償するという対応の格差は，国内の生産調整に重点を置いていること

を意味しており，それ故ここでは「追い出し効果」としている。

注
（1）①・②の詳細については，前掲『FTA戦略下の韓国農業』第3章を参照。
（2）制度の仕組みの変遷については，前掲『FTA戦略下の韓国農業』第5章を参照。
（3）母牛の輸入実績はないため，韓牛（繁殖）の総輸入量及びFTA締結国輸入量は，韓牛（肥育）と同じく牛肉輸入量を用いている。
（4）前掲『FTA戦略下の韓国農業』第5章。
（5）韓チリFTA下における廃業支援の実績については，前掲『FTA戦略下の韓国農業』第2章を参照。
（6）FTA廃業支援は5年間で終了することとなっている。2012年に米韓FTAが発効したため，当初は17年で終了する予定であった。しかし2015年に中国とのFTAを発効し，安価な農産物輸入が想定されたため，そこから5年後の2020年が終了予定年となっている。今後も農産物輸出大国とのFTAを締結・発効すれば，FTA廃業支援の終了が延長されることもある。
（7）桔梗がFTA被害補填直接支払いの対象になっているが，要件の①に該当しないため廃業支援の対象にはなっていない。
（8）拙稿「米韓FTAからTPPをみる」（田代洋一編著『TPPと農林業・国民生活』筑波書房，2016年）p.196。

Ⅳ．統計からみる韓牛農家の実態

1．韓牛生産の推移

本章では，米韓FTAの発効により最も国内農業への影響が懸念された韓牛を対象に，より踏み込んでみていきたい。

まず表Ⅳ-1は，2000年以降の韓牛生産の概要を示したものである。韓牛の国内生産額は，2000年は1.9兆ウォンで，農業生産額全体に占める割合は5.9％であった。それが10年には2.6倍の4.9兆ウォンとなり，全体のシェアも1割を超えている。米韓FTA発効前年の11年は，10年末に発生した口蹄疫の影響で大きく落ち込み3.1兆ウォンであった。FTA発効1年目の12年は，口蹄疫からの回復により3.5兆ウォンへ増えている。それ以降，韓牛の生産額は継続して増加し，16年にははじめて5兆ウォンを突破したが，17年には再び4兆ウォン台へ後退している。それと同時に，農業生産額に占める韓牛の割合も，15～16年には1割を超えたが，17年には1割を切っている。

ただし，分母となる農業生産額全体は，2015・16年は各1兆ウォン減少したのに対し，17年は逆に1兆ウォン増加している。つまり，概ね16年までの韓牛は，米韓FTA発効後も国内生産額の増加に対し，農業生産額全体の停滞及び低下という二重の要因によって，農業全体における位置を高めていた。だが，17年は韓牛の国内生産額の減少・農業生産額全体の増加という正反対のベクトルに転じることで，その位置を下げている。

飼養頭数は，2000年の159.0万頭が10年に292.2万頭へ増加している。10年末の口蹄疫を経て，急激な国内生産の回復を図ったことで，12年にははじめて300万頭を突破している。しかしその後，FTA廃業支援を通じて飼養頭数

表Ⅳ-1 牛肉をめぐる主要指標の推移

		2000	05	10	11	12	13	14	15	16	17年
生産額	(億ウォン)	18,788	31,479	48,633	30,527	34,730	36,823	42,853	47,077	50,570	46,637
	(％)	(5.9)	(9.0)	(11.7)	(7.4)	(7.8)	(8.3)	(9.5)	(10.6)	(10.6)	(9.7)
農家数	(万戸)	29.0	19.2	17.2	16.3	14.7	12.4	10.4	9.4	9.0	9.9
20頭未満	(〃)	27.4	17.1	13.5	12.4	10.8	8.8	7.0	6.2	5.7	6.1
20〜49頭	(〃)	1.1	1.5	2.4	2.5	2.4	2.2	1.9	1.9	1.8	2.1
50頭以上	(〃)	0.4	0.6	1.3	1.4	1.5	1.5	1.5	1.4	1.4	1.7
飼養頭数	(万頭)	159.0	181.9	292.2	295.0	305.9	291.8	275.9	267.6	271.7	302.0
1戸当たり頭数	(頭)	5.5	9.5	17.0	18.1	20.8	23.5	26.5	28.5	30.2	30.5

資料：『農林畜産食品主要統計』（各年版）より作成。

注：1)『生産額』『飼養頭数』『農家数』『1戸当たり頭数』は、データの制約上、韓（肉）牛の数値である。
　　2)（　）内の数値は、農業生産額全体に占める割合を指す。

Ⅳ. 統計からみる韓牛農家の実態

は減少に転じ，16年までは270万頭前後にある。しかし17年には1割増加し，再び300万頭を超えている。

　韓牛の生産農家数は，2000年に29.0万戸であったが，米韓FTA前年には16.3万戸へすでに減少しており，以降廃業支援の影響もあり減少傾向がつづき16年には9.0万戸まで後退している。だが，17年には久しぶりに増加に転じ9.9万戸を記録している。

　また表中には，飼養頭数別の農家数も記している。20頭未満の農家は，2000年には27.4万戸いたが，FTA発効前年の11年には12.4万戸とすでに半減していた。それが，12年には10.8万戸へ12.9％減少し，13～15年も全体を上回る減少率（11.4～20.5％）を記録した結果，16年には5.7万戸とFTA発効前年のさらに半分以下まで減少している。だが，農家数全体と同じく，17年は増加し15年水準に回帰している。また，20～49頭の農家では，2000年の1.1万戸が発効前年の11年に2.5万戸へ増えるなど増加傾向にあった。それが，FTA発効以降13年までは2万戸台前半へ微減し，14年以降2万戸を割って16年は1.8万戸に減少していたが，17年には4年ぶりに2万戸台を記録している。他方，50頭以上の農家は，2000年には0.4万戸しかいなかったが，FTA前年には1.4万戸へ3倍強増加している。FTA発効以降は，1.4万～1.5万戸とほぼ横ばい傾向にあったが，他の2階層同様，17年は増加に転じ過去最高の1.7万戸となっている。

　以上の動きを踏まえると，①米韓FTA発効以前，②発効から2016年まで，③2017年の3つの期間に整理することができよう。①では，韓牛農家数の減少と20～49頭及び50頭以上の農家数の増加という二極化が進んでいたことが分かる。その結果，表中に記すように，韓牛農家1戸当たりの飼養頭数は，2000年の5.5頭が11年には18.1頭へ増加している。

　だが②において，韓牛農家数減少の加速化，規模別では20頭未満の急減，20～49頭規模の減少，50頭以上農家の横ばいという総体的な縮小・停滞傾向を確認できる。その一方で，1戸当たりの飼養頭数は，FTA発効1年目の12年にはじめて20頭台を記録している。それ以降も飼養頭数は増え続け，16

年には30.2頭まで拡大している。したがって②は，総体的な縮小・停滞傾向のなかでの二極化が進んでいた期間である。

しかし③では再び，20頭未満を含む全階層での農家数の増加がみられ，その結果飼養頭数の増大も確認できた。その要因としては，前章で指摘した国内での牛肉消費の増加，さらには次章でも触れるが，国内価格の高騰にともなう既存農家の規模拡大や自家繁殖の拡大，新規農家の参入などが影響しているものと推測される。

2．韓牛農家の経営費・所得

韓牛生産における1頭当たりの経営費及び所得を，肥育と繁殖に区別して記したのが図Ⅳ-1である。経営費には，自家労働費や資本及び土地用益費は含んでおらず，これらはすべて所得に含まれる。したがって，経営費と所

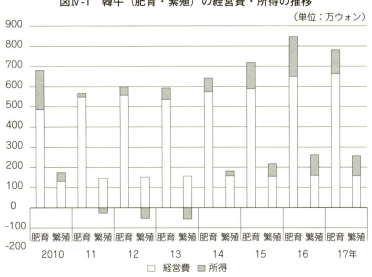

図Ⅳ-1　韓牛（肥育・繁殖）の経営費・所得の推移

資料：『畜産物生産費統計』（各年版）より作成。

Ⅳ．統計からみる韓牛農家の実態

得を合わせた図中の棒グラフの長さは，総収入をあらわすという関係になる。

　まず肥育をみると，2010年の経営費は486万ウォンであった。その後13年のみ前年に比べ4％程度減少しているが，それ以外は一貫して増加しており，17年には663万ウォンを記録している。経営費は，いずれの年も家畜費（子牛の購入費用等）と飼料費（特に濃厚飼料）のシェアが高く，両者で9割近くを占める。特に子牛価格の上昇による家畜費の増加が，コスト増の主要因である。

　これに対し所得は，2010年に195万ウォンであったが，11年には19万ウォンと前年の1割水準まで落ち込んでいる。この背景には，10年末の口蹄疫の影響がある。12年以降，所得は徐々に回復し，16年になってようやく10年と同水準の196万ウォンになったが，17年は再び118万ウォンへ低下している。この間の所得の低さは，一貫した経営費の増加と棒グラフの短さ，すなわち総収入の停滞を原因としており，逆に近年の所得の回復は総収入の高さに起因している。そして総収入の高さは，韓牛1頭当たりの価格の高さとダイレクトに結び付く。韓牛（オス）の500kg当たり産地価格は，FTA発効前年の2011年は319万ウォンであったが，その後上昇を続け，16年には565万ウォンの最高値を記録している[1]。そのため前章でみたように，肥育の廃業支援も13年（交付年）しか対象となっていない。その一方で17年の所得減は，飼養頭数の増加による供給増と，それによる価格低下（17年は前年比16.2％減の473万ウォン）が影響している。

　他方，繁殖の経営費は子牛の購入がないため，肥育ほど増えているわけではない。2010年は130万ウォン，11年145万ウォンであったが，12年以降は150万ウォン台とほぼ横ばい状況にある。経営費の2/3を飼料費が占めており，そのうちの半分強が濃厚飼料である。

　これに対し所得は，2011～13年でいずれもマイナスを記録している。この背景には，1つは口蹄疫による母牛の殺処分の影響が，肥育よりも直接的かつ大きいことである。いま1つは，13・14年（ともに交付年）に廃業支援の対象となっており，対象となる条件は米韓FTAの影響が確認できることで

53

あった。つまり，口蹄疫や米韓FTAの影響，廃業支援の結果，母牛及び子牛が不足したことで子牛価格は上昇し[2]，14年の総収入は前年の1.8倍（180万ウォン）へ，16・17年は260万ウォン前後を記録している。それに応じて，所得も14年に24万ウォンのプラスに転じ，近年は100万ウォン前後まで増えている。

　以上のように肥育では，子牛価格の上昇を主要因とする経営費の増加がみられるが，韓牛価格がそれを上回って上昇しているため，16年までは肥育農家の総収入及び所得は増加傾向にあったが，17年は供給増加により総収入・所得ともに減退していた。繁殖は，経営費がほぼ横ばい状況にあるなか，口蹄疫や米韓FTA，廃業支援の影響を受け子牛価格が上昇し，繁殖農家も総収入と所得が増えていた。これらが，米韓FTA発効後における農家経営及び韓牛価格の実態である。

　しかしながら，これらはあくまでも平均的な韓牛（肥育・繁殖）農家の姿である。先述したように飼養頭数規模別にみると，2016年までは20頭未満農家の急減，20～49頭規模の農家の減少，50頭以上農家の横ばいといった異なる農家数の動きに加え，二極化もみられた。つまり，規模によっておかれている経営実態は異なるということである。そこで次に，飼養頭数別に経営実態をみていくことにする。

3．飼養頭数別にみた経営費・所得

　図Ⅳ-2は，飼養頭数別にみた経営費と所得をあらわしたものである。なお，先にみたように2016年と17年とでは状況が異なるため，2015～17年の3年平均を採用していること，また肥育と繁殖によって飼養頭数別が異なるため，図中では①～④（詳細は図中の脚注を参照）で記しており，最小が①の「肥育20頭未満，繁殖10頭未満」，最大が④「肥育100頭以上，繁殖50頭以上」である。

　まず，肥育の経営費をみると，いずれの規模も平均の630万ウォン前後に

Ⅳ.統計からみる韓牛農家の実態

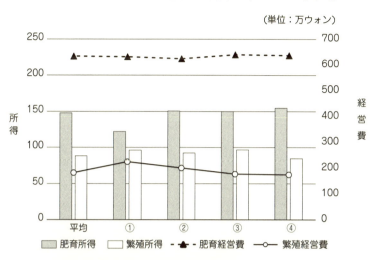

図Ⅳ-2 飼養頭数別にみた所得・経営費 （2015～17年平均）

資料：『畜産物生産費統計』（各年版）より作成。
注：①は「肥育牛頭数20頭未満，繁殖牛頭数10頭未満」，同様に②「肥育20～49頭，繁殖10～29頭」，③「50～99頭，30～49頭」，④「100頭以上，50頭以上」を指す。

あり，大差はない。費目において，例えば①と④を比較すると，④の家畜費や雇用労働費は①よりも大きい。家畜費の大きさは，大規模農家ほど所得追求のため，子牛の購入に際して良質な子牛を求めるからである。その一方で，機械費及び施設費は④の方が小さい。これらが相殺し合うことで，規模に応じたコストの低減がほとんどみられないということである。これに対し所得は，階層による相違が確認できる。所得が突出して少ないのが，①の122万ウォンであり，これは平均の8割程度しかない。それ以外の階層は150万ウォン前後と大きな差はみられない。

他方，繁殖は肥育よりも経営費及び所得は総じて低く，経営費は肥育よりも緩やかながら規模の経済が作用している。①の経営費は224万ウォンと平均よりも2割強高く，②は平均よりも1割ほど高い200万ウォンであるが，③・④は平均を下回り175万ウォン前後である。その結果，④は①の約3/4の経営

55

費で済んでいる。逆に，所得は肥育と異なり，階層間で大きな差はみられないが，唯一④の所得のみ平均を下回る85万ウォンとなっている。つまり④は①に比べ，経営費は3/4の水準であるにもかかわらず，所得では①よりも1割強低い結果になっている。それは，子牛の販売収入が④よりも①の方が高いことが要因である。

　では，その理由は何か。次章でみる現場農家の実態から推察することができる。結論を先取りすれば，繁殖の小規模農家は，繁殖専門のため質の良い子牛を出荷することで売り上げが大きくなる。これに対し，繁殖の大規模農家は繁殖・肥育の一貫飼育が主流であり，質の良いオスの子牛は肥育として，同様にメスの子牛は母牛候補として飼養し，質の劣る子牛のみ出荷することになる。その結果が，④よりも①の方が販売収入及び所得が高い理由である。

注
（1）韓牛（メス）の500kg当たり産地価格は，FTA発効前年の2011年は379万ウォンであったが，14年以降上昇に転じ，16年には最高値の581万ウォンを記録している。だが，オス同様に17年は6.9％減の541万ウォンへ低下している。
（2）子牛（オス）の500kg当たり産地価格は，2013年は174万ウォンであったが，14年に238万ウォン，16年には347万ウォンとなり，17年も同水準の344万ウォンである。同じくメスは，13年925万ウォン→14年149万ウォン→15年212万ウォンへ上昇し，16・17年は260万ウォン強と高値が続いている。

Ⅴ．現場からみる韓牛農家の実態

1．階層区分

　本章では，実際の生産現場においてどのような韓牛経営がおこなわれ，どう変容しているのか，また今後の自家経営の方向性・展望はどのようなものであるのか，さらには米韓FTAをどのようにみているのか，などについて，現場でのヒアリング調査を通じてその実態を明らかにしたい。

　その際，大規模・中規模・小規模の3階層に区分してみるとともに，FTA廃業支援を受けた農家の概要にも触れたい。3階層の区分は，前章の統計データでは韓牛の肥育と繁殖に分け，かつ飼養頭数別にみた。ところが以下でみるように，現場では繁殖と肥育の一貫飼育が主流である。そこで，繁殖・肥育を含むトータルの飼養頭数が100頭以上のものを大規模，同様に50～99頭を中規模，50頭未満を小規模農家としてみていく。この線引きは，後述する現地でのヒアリング調査（洪城郡庁畜産課）[1]にもとづく。すなわち，畜産課が推奨する規模は一貫飼育の100頭以上で，同規模であれば1億ウォン以上の稼得が可能であり，50頭以上では概ね農業収入だけで生活ができ（＝専業農家），50頭未満は他の収入が必要（複合農家あるいは兼業農家）である，との理由にもとづく。

　また，ヒアリング調査をおこなった地域の位置として，図Ⅴ-1を示しておく。

図V-1 調査地域の位置

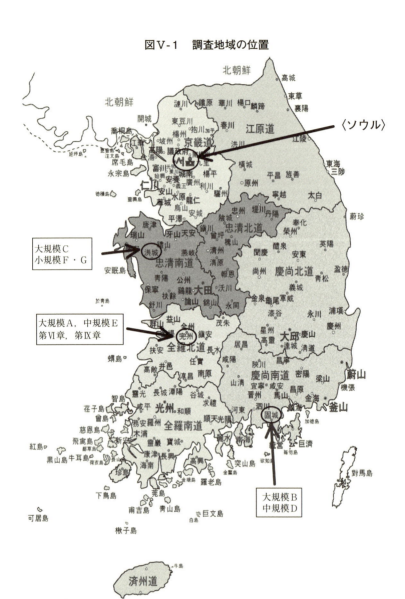

資料:「www.KAMPOO.com」より引用(一部加筆修正)。
注:第Ⅵ章(高山農協),第Ⅸ章(竜進農協)の位置も記している。

2．大規模農家

（1）大規模農家A

　Aさんは，全羅北道完州（ワンジュ）郡華山（ファサン）面の韓牛農家である。Aさんは39歳（2015年調査時）で，もともとは携帯電話の代理店に勤めていた。Aさんの父親も会社員で，わずかにある所有農地は周辺農家に貸していた。しかし20年前に，父親が退職後の就業及び収入を考慮し，韓牛生産をはじめている。そして，父親が退職したのをきっかけに，かつ農業の方が将来性があるのではないかと思い，Aさんも7年前に退職し就農している。

　就農時は，市場からオスの子牛だけを購入し，100頭ほどで肥育のみしていた。だが現在は，繁殖と肥育の一貫飼育に取り組んでおり，調査時の飼養頭数は200頭に達する。200頭のうち80頭が母牛（メスの子牛を含む）である。子牛が生まれたらメスは繁殖用とし，オスは肥育したのち出荷する。したがって，残り120頭が肥育ということになる。就農した7年前からAさん1人で作業に従事し，父親は手伝い程度である。

　現在は，市場から子牛を一切買わず，専門家（個人事業主）に依頼し，人工授精で繁殖している。それは人工授精の方が，①コストが安い，②病気のリスクが低い，③自分で品質改良が可能，④利潤が大きい（牛肉の等級がよい），ためである。飼料は，基本的には畜産農協から購入する配合飼料を用いるが，メスには郡内で契約栽培している農家から青麦などの粗飼料も購入して与えている。飼育期間は，オスは生後7カ月目に去勢し，30カ月までに出荷しており，出荷時の体重は750〜780kgと全国平均（2017年750kg[2]）を上回る。他方，母牛は生後15カ月目から出産させ，人工授精で2〜3回産ませたのち，60カ月を超えない頃から肉牛として出荷する。

　出荷先は畜産農協の競売市場であり[3]，と殺後に競売にかけられ，コストを差し引いたのち，牛肉の等級ごとの金額で受け取る。金額ベースでみると，最高ランクの「1++等級」が50％，「1+等級」30％，「1等級」20％

という構成である⁽⁴⁾。Aさんによると，等級がワンランク下がるごとに1頭換算で60万〜80万ウォンの差が出るとのことである。

なお，別の出荷方法として仲買人への販売がある。すなわち，韓牛農家は牛肉の等級を考慮せず，ほぼ決まった相場の価格で1頭を丸ごと販売する方法である。したがって，解体後にしか分からない等級は関係なく，農家は決まった金額を確実に得ることができるというメリットがある。他方，仲買人は，解体後の等級によってリターンあるいはリスクを引き受けることになるが，この販売方法は少数派である。Aさんの場合，品質改良した質の良い母牛を持っており，肉質に一定の評価が得られると確信しているため，等級ごとの金額でもらう出荷方法にこだわっている。

Aさんの経営では，先の等級ごとの価格を累積すると，オス1頭当たり950万ウォンになり，経営費を差し引くと約500万ウォンの所得になる。2011年に口蹄疫から回復し，韓国全体で飼養頭数が過去最高となった時は，1頭当たり750万ウォンまで低下したが，それ以降価格は高騰している。現在のように1+等級以上が80％を占めれば，かなりの所得を獲得することができるとみている。

Aさんとしては，米韓FTAの影響はさほど受けていないとみている。その理由として，①韓国人は冷蔵肉を好むが，輸入の多くが冷凍であること，②食味の面で消費者は韓牛を好むこと，③アメリカ等輸出国での飼養頭数が減少し，その結果輸入価格があまり低くないと聞いていること，などをあげている。

今後の展望としては，1つは飼養頭数を増やしたいと考えている。数年前に，郡の補助事業を受け，畜舎や施設などをオートメーション化しており，Aさん1人でも400頭までは可能と考えている。仮に1人で困難であれば，臨時雇用を入れれば可能である。いま1つは，母牛の品質改良をおこない，1+等級以上，特に1++等級の比重を高めていきたいと考えている。

なお，現在子牛の価格が高いため，自家繁殖させる農家が増えている。それらの子牛が出荷されるのは2〜3年後であるため，その間は子牛及び牛肉

Ⅴ．現場からみる韓牛農家の実態

価格に大きな影響はでないとみている。しかしその後は，韓牛の供給量が増え，仮に消費量が増えなければ，国内価格も低下するとみている。

(2) 大規模農家B

慶尚南道固城（コソン）郡巨流（コリュ）面の韓牛農家であるBさんは72歳（2016年調査時）で，奥さん（67歳）と２人で従事している。Bさんは非農家の出身であり，牛脂を扱う会社を経営していた。2001年に日本で発生した狂牛病を視察した際に，牛の国際移動に関心をもったことが韓牛に参入したきっかけであり，06年に会社を売却し韓牛生産を開始した。韓牛の飼養技術は，基本的には独学で習得したが，慶尚大学の専攻コース（１年間）でも勉強している。

長男（40歳）は，当初跡を継ぐ予定であった。ところが，2010年末に韓国全土で口蹄疫が発生した。巨流面の周辺は口蹄疫の発生を免れたが，口蹄疫の影響により国内価格が下落し，Bさんの経営も厳しくなったことで，長男の跡を継ぐ気持ちは失せてしまった。現在，長男は水原（スウォン）市で会社を起業し，経営が順調のため帰村・帰農することはないとみている。

Bさんは，繁殖の専門農家である。調査時で母牛が70頭おり，子牛が56頭の計126頭を飼養している。子牛は，オス・メスがほぼ半々である。オスの子牛は，生後６カ月間飼養したのち競売市場へ出荷する。他方，メスの子牛は手元におき母牛として育てていく。すべて人工授精で，郡内の個人の専門業者に委託しており，受精から出産まで計24カ月を要する。計画では母牛は２〜３回出産させ，トータルで60カ月間飼養する。だが，メスの子牛が産まれると，高齢の母牛から出荷して母牛を循環させるので，実際は約48カ月で出荷している。飼料は，すべて畜産農協から購入した配合飼料のみを与えている。

子牛の出荷先は，慶尚南道金海（キメ）市にある畜産農協が運営する釜慶（ブギョン）畜産である。韓牛農家は子牛をトラック等で運搬し，その後競売にかける。運送ととう殺に要する費用は農家が負担し，それらを差し引いた

金額が3カ月後に入金される。

　オスの子牛は，2016年の春頃までは1頭当たり400万～420万ウォンの価格であった。Bさんによると，420万ウォンは3年前に比べ約2倍の価格であり，FTA廃業支援によって母牛が減少したことが原因とみている。しかし，16年の夏以降は320万ウォンまで低下している。とはいえ，3年前（約200万ウォン）と比べても，依然高水準にある。

　Bさんによると，その理由の第1は，廃業支援の反動で子牛の生産が増加傾向にあることである。廃業支援を受けた農家の多くは，機械のコストがかかることや，経営が赤字であること，米韓FTAによる先行き不透明から営農意欲を喪失した，といったことが理由である。Bさんの居住する里（行政区域）にも，以前は韓牛が70～80頭いた。里では，どの農家も韓牛を1～2頭飼養しているのが一般的であり，そうした小規模農家が30～40戸ほどいた。しかしそれら小規模農家は，すべて廃業支援を受けて廃業した結果，現在は規模の大きな韓牛農家4戸のみとなっている。そのような大規模農家による価格高騰を受けた増産であり，韓牛農家の二極化が進んでいる。

　第2は，2016年に施行した通称「キム・ヨンラン（前最高裁判事）法」（正式名「不正請託及び金品等の授受の禁止に関する法律」）の影響によるものである。同法は，接待等を禁ずる法律であり，その結果，接待で消費される牛肉消費の減少に加え，贈答用の牛肉消費も減少したためである。ただし，韓牛等農畜産物の売上減少を受け，同法は翌17年に，農畜産物に限り授受の上限額を5万ウォンから10万ウォンへ引き上げるなど一部改正している。

　第3は，米韓FTAによって，韓牛より低価格の冷蔵肉が輸入されるが，売れ残った冷蔵肉は冷凍肉に変わる。この時点で流通期限がなくなるため，牛肉価格が大きく低下し，それが国内価格に影響を与えているとのことである。

　韓国全体では，米韓FTAの締結によって，韓牛の肉質を差別化する方向へ転換している。つまり，日本のように脂肪の多い刺しの入った肉での差別化である。Bさんによると，政府は国内消費の40～50％を，差別化した韓牛

が供給する計画を打ち出しており，それに即した廃業支援の実施と飼養頭数の調整であった。しかし現在，一部の団体によって「脂肪の多い肉は，健康に悪い」というキャンペーンもおこなわれるなど，生産と消費との間に一貫性がみられない状況に問題を感じている。

（3）大規模農家C

　忠清南道洪城（ホンソン）郡亀項（クハン）面のCさん（60歳，2018年調査時）は，奥さん（57歳）と2人で韓牛の一貫飼育，及び米や飼料作物をつくる複合農家である。長男（34歳）も郡内に居住しているが会社員であり，農業を継ぐことはないとのことである。

　Cさんの父親は，韓牛1～2頭と所有する水田1.7haで米をつくる複合農家であった。Cさんは，学校卒業後すぐに就農し，父親と一緒に農業経営をおこなっていた。ところが，米だけでは十分な稼得が難しくなり，少しずつ韓牛を増頭し，2000年代に入って120頭を飼養するまでに拡大している。調査時の飼養頭数は，母牛50頭，肥育牛40頭，子牛30頭（オス4割・メス6割）の合計120頭である。通常，メスの子牛はすべて母牛候補として確保するが，最近は頭数が増えたこともあって競売市場に出荷することもある。

　Cさんは，畜産農協で学んだ技術をもとに，すべて自分で人工授精や品質改良をおこなっている。飼料は，肥育牛には畜産農協で購入したTMRを給餌し，母牛には自ら水田でつくる粗飼料（イタリアングラス）も与えている。Cさんは大規模経営であるため，飼料給餌のオートメーション化を導入している（周辺では1～2戸のみ導入）。

　メスの子牛は生後8～9カ月で出荷する。肥育牛は生後7～8カ月で去勢したのち，30カ月で出荷し，出荷時の体重は750kgである。等級は，最近7頭を出荷したケースでは，1++等級5頭，1+等級2頭とすべて1+等級以上であった（平均すると，通常1+等級以上が約8割を占める）。価格は，枝肉1kg当たりで1++等級2.1万ウォン，1+等級1.8万ウォンくらいであり，価格は少し下がりつつあるとのことである。仮に，枝肉歩留率を60%として

1頭当たりの価格に換算すると，1++等級945万ウォン，1+等級810万ウォンとなる。なお，平均に該当する2等級で1kg当たり1.3万〜1.4万ウォン（1頭当たり600万ウォン前後）である。Cさんとしては，米韓FTA等による安価な牛肉が輸入されることで，国内では輸入牛肉の消費が増えていると感じている。

また，水田は1.7haの所有地に加え，3.3haを親戚から借地している。借地の小作料は10a当たり22.5万ウォンであり，地域では平均的な水準である。地権者は，高齢化を理由に貸し付けていることもあり，契約期間は特に定めていない。合計5haのうち3haで米を，2haで飼料作物（イタリアングラス）をつくっている。

今後の展望は，制限地域（畜舎が住宅密集地から200m以上離れていなければならないなど）に該当することから，規模を拡大しようにもできず，現状を維持せざるを得ない。輸入牛肉との差別化を図るため，まず出荷体重を800kg以上まで増やすとともに，マーブリング（さし，霜降り）にこだわっていく方針である。また，飼料の高騰により，経営費に占めるウェイトが高まっていることから，飼料価格に対する補償を必要な施策と考えている。

（4）小括

以上，3つの事例ではあるが，異なる地域・時期の大規模韓牛農家の経営実態等をみてきた。3事例のうちAとCは一貫飼育であったが，Bは繁殖を専門としていた。また，農家出身はCのみで，以前から水田を所有していたこともあり，かつ米が盛んな地域ということもあって，大規模韓牛農家であるが複合農家でもあった。他方，AとBは非農家から韓牛農家に新規参入した大規模農家であった。韓国では，新規に参入した非農家が，地域のなかでも上位に位置する大規模農家になるケースが少なくなく[5]，韓牛でもその特徴が確認できる。なお，大規模農家とはいえ，年齢の若いA以外は後継者が確保できておらず，経営継承という問題がある。だが，それをカバーするのが同じく非農家による新規参入ということであろう。

Ⅴ．現場からみる韓牛農家の実態

価格は，対象とした年・地域・農家のすべてが異なる。だが，肥育をベースに3事例を結ぶと，口蹄疫から回復し飼養頭数が増加した2011年の750万ウォンが，FTA廃業支援での飼養頭数の減少などにより，15年には950万ウォン（A）まで高騰し，17年は最高ランクの1++等級でも推定で945万ウォン（C）であった。この間の16年の価格を，Bの子牛価格で補完すると，16年の春には3年前の2倍の420万ウォンに達したが，韓牛の増頭傾向と消費の減少を理由に，16年夏以降320万ウォンへ低下していた。こうした動きをあてはめると，16年半ばまでの韓牛価格の高騰，それ以降は緩やかに低下しつつも，高止まりにあると推測できよう。

そうしたなか今後の展開では，39歳と若く，かつすでに施設規模を拡大したAは増頭と品質改良に，後継者のいないB・Cは，規模は現状維持のもと体重増や肉質の差別化，マーブリングに取り組むとしており，品質改良による高級化が共通する路線であった。

また，米韓FTAの影響については，調査年により異なる。韓牛価格が高騰局面にあったAは，韓牛と輸入牛肉との差別化で影響はないとみていた。他方，価格が低下過程に入ったB・Cは，安価な輸入牛肉の増加により韓牛価格にも少なからず影響があるという見解であった。この点は中・小規模農家の実態も含め，のちに整理したい。

3．中規模農家

（1）中規模農家D

慶尚南道固城郡上里（サンニ）面のDさんは，現在55歳（2016年調査時）である。Dさんは当初，昌原（チャンウォン）市で会社員をしていたが，1997年の通貨危機によって会社が倒産したため帰村し，99年に就農している。父親が韓牛と米をつくる複合農家であったため，一緒に韓牛を飼養していた。その後，水田を相続し，米やトウガラシなどもつくっている。基本的には，農作業はDさんが1人でおこなう。子供は長男（24歳）と長女がいるが，長

男は大学4年生で，卒業後通関士になることが決まっており，現段階では農業後継者はいない。

韓牛は繁殖のみをおこなっており，調査時で母牛が30頭いる。すべて人工授精であり，ライセンスを有する個人業者に委託している。優良精液を選択しているため，妊娠率は50％以上である。母牛は，「妊娠10カ月→1カ月休み→1カ月受精」というサイクルで年1頭出産するため毎年子牛が30頭産まれ，年間通した飼養頭数（母牛を含む）は60頭弱である。子牛のうち良質なメス牛のみ母牛として飼養するが，それ以外の子牛は生後5～7カ月で出荷している。また，母牛も4回出産したのち出荷する。

出荷先は，郡内にある畜産農協であり，競売は1カ月に4回開催される。郡の1頭当たり平均価格は，オスの子牛が380万ウォン，メスの子牛は280万ウォンである。価格は近年では最高水準であり，Dさんによると3年前に比べ，150万ウォン近く高騰したとのことである。その要因は，廃業支援によって国内の飼養頭数が減少したことにあるとみている。だが，今後は価格が上昇することはなく，少し下がったところで止まるとみている。なぜなら，これ以上価格があがると消費者が購入できず，韓牛離れが進むことになるからである。所得は，韓牛が最も多い3,000万ウォン，その他にトウモロコシ・米・大豆が各1,000万ウォンある。

韓牛への飼料は，イタリアングラスやライ麦など自家生産している粗飼料（90％）と濃厚飼料（10％）を与えている。粗飼料の生産では，面内の親しい韓牛農家11人で「上里韓牛営農組合法人」を設立している。法人は，ディスモアやサイレージをつくる設備など多額の投資が必要であること，国等行政からの補助を受けるには法人組織が求められること，法人には5人以上の出資者が必要であること，個々で粗飼料を生産することが厳しいこと，などが設立の理由である。

出資金は，11人で1億ウォンを拠出している。11人の年齢は55～69歳で，飼養頭数は30～150頭と幅広い。法人はサイレージ施設やトラクター，ディスモア，運搬用トラックなどを購入・所有しており，国から80％の補助を受

けている。飼料作物は，米の裏作や畑，遊休農地などでつくっており，栽培面積は60haに及ぶ。すべての作業は，11人の共同作業でおこなう。

　Dさんによると，アメリカからの輸入牛肉価格は韓牛の7～8割の水準であり，必ずしも大きな格差ではないこと，アメリカは韓国の市場規模が小さいため，現在は主力の輸出先とみておらず，むしろ中国市場を重視していることなどから，米韓FTA発効時は韓国市場の獲得に意欲的であったが現在は違うとみており，米韓FTAによる大きな影響はないとみている。

　また，ここ数年で畜舎等の機械化が進んでいる。だが小規模農家は，飼養する韓牛をすべて売却しても機械の投資額を確保できないため機械化できず，競争力が劣ることから廃業・離農せざるを得ない。韓牛農家が集まると，少なくとも現時点では飼養頭数30頭以下，この先は50頭以下は生き残ることができないと話し合っている（品質改良等で状況は変わるが）。

　逆に，規模が大きいほどオートメーション化ができ，1人でも，さらには80歳になっても150頭程度は飼養できるとのことである。Dさんとしては，今後は韓牛を150頭まで増やしたいと考えている。ただし，その条件として，オートメーション化が不可欠であり，それができれば1日4時間の作業でこなすことができる。だが，そのための設備投資には15億ウォン以上が必要であることがネックとなっている。

（2）中規模農家E

　全羅北道完州郡鳳東（ポンドン）邑のEさん（60歳，2015年調査時）は，米と造園用の木，及び韓牛を営む複合農家である。父親は農家であり，Eさんも学校卒業後に徴兵に入り，終了後すぐに25歳で就農している。すべての作業はEさん夫婦がおこない，会社員である同居の長男（32歳）は手伝い程度の従事である。

　韓牛は，年間通して80頭を一貫飼育しており，繁殖・肥育ともに40頭ずつである。ここ5年間の頭数は，毎年60～100頭くらいの間にある。基本的には，メスの子牛は母牛として，オスの子牛は肥育する。だが，畜舎の大きさが限

られているため，それに合わせて子牛の一部は半年程度で出荷することもある。Eさんとしては，畜舎を拡大し飼養頭数を増やしたいが，資金面で困難である。飼料は，子牛には畜産農協から濃厚飼料を購入し与え，去勢牛にはTMRを給餌する。また，生育段階に応じて稲ワラも与えるなど調整している。

去勢牛は，2～3年かけ700～800kgで出荷する。母牛は4年飼養し，2～3回出産させたのち体重600kgほどで出荷している。価格は，去勢牛で枝肉1kg当たり1.4万ウォン，同じく母牛は1.0万ウォンである。したがって，Eさんの場合，去勢牛1頭で好調時には1,000万ウォンになる。一般的には800万ウォンほどで，所得は100万～150万ウォンになる。1,000万ウォンの場合は，差額の200万ウォン分がそのまま所得に上乗せされる。

また子牛価格は，250万ウォンと高水準にある（2015年調査時）。母牛も2013年は枝肉1kg当たり7,000ウォンであった。したがってこの間，価格は1.4倍上昇していることになる。Eさんは，廃業支援によって韓牛の飼養頭数が減少したためとみており，完州郡でも廃業支援を受給して離農した小規模農家が少なくないとのことである。

さらに，水田を約50a所有し，いずれも米をつくっている。また5～6年前から水田50aほどを借地している。そのうちの2/3は契約期間を10年以上とし，米をつくっている。残り1/3は，すべて造園用の木をつくっている。造園用の木は2～3年で出荷でき，かつ連作障害をともなうため2～3年の短期契約とし，常に短期で新たな水田を借りるようにしている。小作料は，米の場合10a当たり120kg，造園用の木は240kgである。Eさんはコンバインを所有していないため，収穫作業のみ作業委託している。

米韓FTAの影響は，特に感じていない。また，今後の展望は，現状の規模で進めていくということである。ただし韓牛価格は，今後下がるとみている。なぜならば，先述したように価格の上昇が廃業支援によるものであり，今後既存農家の規模拡大や韓牛への参入等供給が増えることが予想されることから，子牛価格で3割程度低下し，肥育も同等水準下がるとみている。

（3）小括

　以上，2つの事例（中規模農家D・E）ではあるが，異なる地域・時期の中規模韓牛農家の経営実態等をみてきた。両農家ともに農家の出身であり，Dは繁殖専門，Eは一貫飼育と異なっていた。だが，韓牛と米の複合農家という点では共通しており，前回の大規模農家とは異なっていた。Dの後継者は他出しており，跡を継ぐ可能性は低い。Eの後継者は，会社員で同居していることもあり，手伝い程度は従事するが，先行きは不透明である。したがって後継者の確保は，大規模韓牛農家と同様に課題の1つである。

　価格は，対象とした年・地域・農家のすべてが異なる。だが，例えば子牛のメスの場合，2013年に130万～150万ウォン（D・E）であったが，15年には250万ウォン（E），16年には280万ウォン（D）へ高騰している。その要因として，両農家ともFTA廃業支援による飼養頭数の減少をあげており，今後の価格は少し下がった水準で維持される，いわゆる高止まりとみている。子牛のオスや去勢牛も同様の傾向とみていた。

　両農家の今後の展開は，Eは価格の低下を見越して現状維持としていた。他方，Dは増頭を希望し，そのためには畜舎の機械化・オートメーション化が不可欠であるが，資金がネックとなっていた。このネックの程度や意味合いも，後継者の有無によって異なる。

　また，米韓FTAの影響については，両農家とも特に影響はないとみている。その根拠は，先述した韓牛価格の上昇ということであろう。これについては，のちに改めて整理したい。

4．小規模農家

（1）小規模農家F

　忠清南道洪城郡洪東（ホンドン）面のFさん（61歳，2018年調査時）は，奥さん（58歳）と2人で韓牛の繁殖をおこなっている。規模が大きくないた

め採算面から機械化はしておらず，すべて手作業でおこなう。その他に水田60aを所有しており，すべて米をつくる複合農家である。Fさんには，息子が2人（長男は33歳）いるが，2人とも会社員と公務員で他出しており，跡を継ぐ可能性は低いとのことである。

　Fさんの出身は郡内の亀項（クハン）面であり，実家は農家ではなく，Fさんは郡内で機械関係の仕事をしていた。Fさんの弟が先に韓牛をはじめ，弟の話を聞くうちに韓牛に興味をもったことがきっかけで，Fさんも1997年に洪東面に移住し韓牛をはじめている。当初，弟の斡旋で洪東面に畜舎を借りて，韓牛生産に取り組んだ。だが，地権者から土地の返還を求められたため，1年で土地を返すこととなった。その後，不動産業者などを通じて，様々な地域で新たな土地を探したが，洪東面の現在の土地が最も価格条件がよかったため98年に畜舎を購入し，その後2013年に新しく建て替えている。

　韓牛は奥さんが主に従事し，Fさんはこれまでの機械関係の仕事もおこなう兼業農家であった。しかし2017年に定年退職し，現在は専業農家となっている。韓牛生産の技術は，Fさんの弟や周辺の韓牛農家及び畜産農協から習得している。

　10年前までは，繁殖と肥育をおこなう一貫飼育であり，母牛20頭と肥育30頭ほどの規模であった。2013年に畜舎を建て替えた際，畜舎の面積を大きくし，母牛と子牛を同じ部屋で一緒に飼養できるように改善した。その結果，飼育密度が高くなり，飼養頭数を減らす必要があったため，肥育を辞めて繁殖専門となった。

　調査時で母牛30頭，母牛候補のメスの子牛6頭，畜産農協の競売市場に出荷する子牛（生後7カ月で出荷）7頭の計43頭を飼養している。すべて個人業者に依頼し，人工授精をしている。飼料は，母牛には配合飼料や専門業者から購入する稲のモミ殻を，子牛には畜産農協から購入したTMRを与えている。

　Fさんは，2017年10月にオスの子牛4頭を出荷している。1頭当たり平均380万ウォンであるが，3頭は品質がよかったため400万ウォンの価格がつい

ている。メスの子牛の場合，平均で280万～290万ウォンである。子牛価格は2017年が最もよく，現在は20万ウォンくらい低下した水準である。

　Fさんとしては，子牛価格が好調のため，米韓FTA等の影響は特に感じていない。その一方で，昨年までは他産業収入があったため，韓牛の繁殖にどのくらいのコストがかかり，どの程度の所得になっているのかという経営者意識が希薄であった。今年から専業農家になったことで，改めて飼料代等の経費を算出し経営状況を確認すると，現在の規模ではわずかな金額しか手元に残らないことが分かった。しかし，Fさんが居住する周辺は，畜産の制限地域に指定されている。そのため畜舎の増築や増頭ができず，地域住民の反対デモも起こるため，現状維持を考えている。

（２）小規模農家G

　忠清南道洪城郡西部（ソブ）面のGさんは65歳（2018年調査時）で，奥さん（60歳）と２人で従事している。長男（34歳）は郡内に住む会社員である。実家は農家ではなく，Gさんは堆肥の運送業者に勤めていた。堆肥の運搬で農家を訪問することが多く，農家から韓牛であれば十分生活できるという話を聞いたのが，韓牛をはじめたきっかけである。知人の紹介で現在の土地を購入して畜舎を建設し，2007年から韓牛に取り組んでいる。飼養に必要な技術は，畜産農協から習得している。

　最初はオスの子牛18頭を購入し，自ら去勢して肥育していた。だが近年，子牛価格が上昇し，市場からの購入では経営的に厳しくなってきたため，数年前から繁殖もはじめ一貫飼育に転換している。調査時では，母牛11頭と去勢牛25頭の36頭を飼養している。メスの良質な子牛は母牛候補として確保し，それ以外は生後７～８カ月で畜産農協の競売市場に出荷している。すべて人工授精をしており，郡内の個人業者に依頼している。手術費用を含め１回３万ウォンを支払い，平均1.5回で妊娠する。

　飼料は畜産農協からTMRを購入し，去勢牛に与えている。母牛には配合飼料や周辺の稲作農家から購入したモミ殻も給餌している。経営費では，飼

料費が最も大きなウェイトを占めており，例えば去勢牛には，去勢してから出荷まで1頭当たり9トン（約280万ウォン）を要する。畜舎はオートメーション化しておらず，すべて手作業でおこなう。夫婦2人であれば，50頭でも十分対応でき，150頭くらいまでは可能とみている。

去勢牛は生後30カ月で畜産農協へ出荷し，出荷時の体重は730kgである。2017年は去勢牛を5頭出荷し，等級は最もよい1++等級2頭，1+等級2頭，1等級1頭であった。枝肉1kg当たりの価格は，1++等級2万ウォン，1+等級1.8万ウォン，1等級1.45万ウォンであり，2～3年前に比べ価格は少し上昇している。

Gさんとしては，米韓FTAにより安価な牛肉を輸入することで，韓牛価格の高騰を抑制していると感じている。逆にいえば，現在の韓牛の需給バランスからは，韓牛価格はもっと高騰していたということである。

今後の展望は，長男が韓牛を継ぐのであれば100頭に増頭したい。だが，長男は跡を継ぐ気がないとのことなので，頭数は現状を維持していく。他方，現在の去勢牛の出荷体重が小さいため，これを800kgまで増やし，その後牛肉の品質をあげていこうと考えている。これまでは，単純に産まれたメスの子牛を母牛候補としていたが，そのことが出荷体重の低さにつながっていた。そこで，現在人工授精をおこなう業者と相談し，どのような去勢牛を求めるのか，それに合った精液の選択をすることで，品質改良を図っている。

(3) 小括

ここまで2つの事例をもとに，小規模農家（F・G）の経営実態等をみてきた。両者とも非農家出身であり，身内や仕事の関係者に触発され，新規参入した韓牛農家であった。Fは繁殖専門であり，Gは当初肥育専門であったが，現在は一貫飼育に転じている。後継者は，両農家とも他出して働いており，跡を継ぐ可能性は低く，大規模・中規模の韓牛農家と同じく後継者問題を抱えていた。

価格は，子牛（オス・メス）の場合，2017年が最高水準（F）であったが，

Ⅴ．現場からみる韓牛農家の実態

いまは20万ウォンほど減少していた。Gが，子牛価格の高騰により一貫飼育に転換したことを踏まえると，17年頃までは上昇傾向が続いていたといえよう。同様に，去勢牛も2～3年前よりも少しあがっているとのことであり，上昇傾向が続いていた。

両農家の今後の展開は，Fは増頭したいが制限地域のため叶わず現状維持とし，Gも現状維持としつつ，出荷体重のアップと品質改良に取り組むとしていた。

また，米韓FTAの影響については，Fは子牛価格が好調のため影響は特に感じていないのに対し，Gは安価な輸入牛肉によって韓牛価格の高騰が抑制されているとみていた。

5．FTA廃業支援による廃業農家

自治体や畜産農協を通じて，FTA廃業支援を受給した農家からのヒアリングを試みたが，様々な事情から実施できなかった。そこで，これまでみてきた忠南道洪城郡の韓牛農家から，地域内でFTA廃業支援を受けた農家の概況についても合わせてヒアリングしている。簡単ではあるが，これら農家の概要を紹介する。

洪東面求精（クジョン）里には，2010年頃には韓牛農家が15戸ほどいた。だが小規模農家が離農し，18年の韓牛農家は10戸へ減少している。求精里では，2戸が14年にFTA廃業支援を受けており，ともに飼養頭数が10頭未満の小規模農家であった。いずれも80歳近い高齢農家であり，高齢化と後継者不在が受給の理由である。1戸はすでに他界し，残る1戸は現在も里内で居住し，わずかに飯用米をつくっている（小規模農家Fによる）。

同じく西部面板橋（パンギョ）里には，2018年で韓牛農家が5戸おり，2010年頃とほとんど変わっていない。ただし離農した農家もおり，それと同数の新規参入者がいることが不変の理由である。板橋里では，FTA廃業支援を受けた韓牛農家が2戸おり，いずれも小規模農家である。2戸は75歳と

80歳の農家であり，高齢化と跡継ぎ不在のため廃業支援を機会に，飼養していた母牛を知人に売却して廃業している。現在も2戸は板橋里に居住し，主に飯用米などをつくっている（小規模農家Gによる）。

さらに，亀項面青光（チョンガン）里には，韓牛農家が10戸（2018年）いる。青光里でFTA廃業支援を受給した農家は5戸である。このうち1戸は，飼養頭数80〜90頭と比較的規模が大きい農家であった。同農家は，より大きなビジネスにチャレンジするということで，廃業支援を受給して離農・転業し，現在も青光里に居住している。もう1戸も30頭の飼養頭数で，高齢化と健康上の理由で廃業支援を受けており，現在も青光里に居住し米をつくっている。残り3戸は5頭未満の小規模農家で，やはり高齢化や健康上の問題を理由に受給・離農し，今も里内に居住している（1戸は他界）。これら5戸の農家は，飼養していた韓牛の多くを市場に出荷して処分している（大規模農家Cによる）。

このようにみると，高齢農家や後継者不在など経営の存続・継承が困難な農家が，FTA廃業支援による交付金を画期に，廃業あるいは離農したというのが実態といえよう。それを裏付けるものとして記したのが表V-1である。表は洪城郡において，2013〜14年にFTA廃業支援を受けた農家を生年別に整理したものである。各年でみると，13年は313戸が廃業支援を受け，3,254頭を処分し合計28.4億ウォンを交付している。同様に14年は，112戸の韓牛農家が廃業支援を受給し，923頭を処分，8.2億ウォンの交付を受けている。

この両年の農家数425戸を生年別にみると，最も多いのが1940年代生まれで全体の45.4％を占め，受給時の年齢は64〜74歳の間となる。次に，1930年

表V-1　生年別にみたFTA廃業支援の受給農家（2013〜14年）

(単位：戸，％)

生年	1920年〜	30年〜	40年〜	50年〜	60年〜	70年〜	計
農家数	3	102	193	87	36	4	425
割合	0.7	24.0	45.4	20.5	8.5	0.9	100.0

資料：「洪城郡庁畜産課」資料より作成。

代生まれが全体の1/4と多く，同層には74〜84歳が該当する。また，最上層の1920年代生まれも3戸おり，84〜94歳があてはまる。したがって，1940年代生まれより以前，年齢では64歳以上が受給農家の7割を占めることとなり，高齢化や健康の問題，後継者不在を抱えるなか，交付金を受けられる機会に廃業・離農したということを示していよう。

なお，1960年以降の比較的若い農家も廃業支援を受けている。その多くは，赤字等経営上の問題や借金などを理由としたものである。

6．米韓FTAによる価格低下はなかったのか

以上，大規模から小規模まで7戸の韓牛農家の実態をみてきた。大規模Bと中規模Dは繁殖専門，残りの5戸は一貫飼育と，韓国では一貫飼育が一般的であった。また，大規模だけでなく小規模を含む4戸（A・B・F・G）が非農家出身の新規参入者であり，韓牛が職業選択の1つとして考えられていることが分かる。

その一方で39歳と若く，自身が後継者である大規模Aを除き，残りの6戸はすべて後継者不在，あるいは確保の可能性が低く，経営継承の問題を抱えていた。職業選択の1つでありつつも，自家経営の継承という点では，必ずしも後継者が選択するわけではなく，逆にそうであるが故に，新たな参入者を呼び込めているというパラドックスにあることも，韓国的特徴といえよう。

このような経営継承の問題に加え，畜産特有の地域における環境問題もあることから，自治体の条例で制限地域が設けられ，かつ地域住民の同意の面でも，容易に畜舎の増築やそれによる増頭が困難な状況にあった。そのため飼養頭数は現状を維持しつつも，出荷体重のアップや品質改良を今後の1つの方向とする農家が少なくなかった。

米韓FTAによる影響は，輸入牛肉が増加し，韓牛価格が低下局面に入ったことから影響があるとした大規模B・C，韓牛価格の更なる高騰を抑制しているという点に影響をみている小規模G，他方，主に韓牛価格の高騰や好

調を理由に，影響がないとした大規模A，中規模D・E，小規模Fの4戸に見解が分かれていた。

　当初は，米韓FTAの発効によって，韓国への安価なアメリカ産牛肉の輸入が増加し，その結果，国産価格も低下し，韓牛農家の経営に悪影響をもたらすことで，韓牛農家が離農・減少するというシナリオが予想されていた。韓牛価格において，取り上げた7戸に共通することは，少なくとも2016年半ば頃まで子牛・肥育を問わず価格が高騰していたことであり，最近も維持あるいは少し下がりつつあるが，依然高止まりの状況にあった。したがって，価格面では予想されたシナリオとは反対の状況にある。調査した韓牛農家は，FTA廃業支援によって韓牛の飼養頭数が減少したことが，価格高騰の原因という認識を有していた。こうした認識は，現地調査をした洪城郡庁や洪城畜産農協でも共通しており，韓国でも一般的な捉え方である。

　では，FTA廃業支援を受給した農家は，どういった農家であったのか。前節でも触れたように，その多くは高齢かつ後継者不在の韓牛農家であった。こうしたことから自治体や畜産農協などは，価格高騰の根本的な原因は米韓FTAの影響ではなく，またFTA廃業支援が直接的な原因でもないとし，韓牛農家の高齢化・後継者不在による自然減を根本的な原因と理解している。つまり，FTA廃業支援の有無は関係なく，高齢化と後継者不在によりいずれは離農し供給過小となる構造的な問題という認識である。

　だが，こうした理解は正しいのであろうか。問題は，FTA廃業支援による飼養頭数の減少の意味である。確かに韓牛農家の高齢化は進んでおり，廃業支援がなくても，いずれは経営継承が途絶する可能性は高い[6]。しかし自然減であれば，一定のスピードでの減少であり，かつある程度先を見通すこともできよう。その分，需給や価格調整も作用し，価格の上昇が生じたとしても急激な高騰にはなりにくい。この間，価格の高騰が生じたのは，予想の困難な急激な飼養頭数の減少・供給減によるものであり，その起因がFTA廃業支援である。

　そしてFTA廃業支援は，第Ⅲ章でみたようにFTA被害補填直接支払いの

対象になった品目にのみ発動される。FTA被害補填直接支払いの対象となるためには，3つの要件をクリアしなければならなかった。それは，5中3平均と当該年とを比較し，①総輸入量が増加していること，②FTA締結国からの輸入量が増加していること，③国内価格が10％以上下落していることであった。つまり，FTA廃業支援が発動された韓牛は，輸入量及び国内価格の面でFTAの影響を受けていることの証左である。このように整理すると，韓牛価格の高騰が生じた一連の起点には，米韓FTAの影響がある。

　さらに，そのことは次の問題を醸成している。韓牛は交付年で2015年以降，FTA被害補填直接支払いの対象になっていない。それは，先の①〜③の要件のうち，牛肉の輸入量は増加しているにもかかわらず（①・②はクリア），③の国内価格が上昇していたためであった（**表Ⅲ-2**）。このようにFTA被害補填直接支払いの対象となっていないこと，さらにFTA廃業支援による価格高騰という事実によって，米韓FTAによる韓牛への影響を覆い隠してしまうという問題である。まさに，それが先述した韓国での一般的な捉え方となってあらわれている。

注
（1）忠清南道洪城郡庁畜産課のイ・ギルホ課長からのヒアリングによる（2018年1月）。なお，洪城郡は畜産の盛んな地域であり，全国の韓牛頭数の14.5％を同郡が占める。
（2）『2017年畜産物生産費統計』。
（3）畜産農協における子牛の競売市場の出荷基準は，オスは生後6〜7カ月，メスは6〜10カ月である。
（4）韓国の牛肉等級は，日本同様に5等級に分かれる。最も評価の高いものから，1++等級・1+等級・1等級・2等級・3等級であり，2等級が平均的な評価である。
（5）拙著『条件不利地域農業』（筑波書房，2010年，第6章）及び拙稿「日韓の『むら』構造の相違」（『文化連情報』No.464，2016年）を参照。
（6）調査事例でもみたように，非農家出身で新規参入した大規模農家もみられたが，経営継承が困難な既存の農家をカバーするほどの総量ではない。

Ⅵ．米韓FTAと地域農協

1．米韓FTAとイコール・フッティング

　米韓FTAは農産物を含む物品貿易だけではなく，その多くが非関税障壁で構成されている。それは，TPPにも共通する特徴である。非関税障壁のなかの1つが保険サービスであり，農協が提供する保険サービス（共済）も該当する。

　米韓FTAによる共済事業への影響は，すでに拙著で明らかにしてきた[1]。すなわち，米韓FTAの付属書では，「韓国の業種協同組合が提供する保険サービスは，同種の保険サービスを提供する民間企業よりも競争上の優位にあってはならない」とあり，農協が提供する保険サービスも対応が求められた。その影響は共済のみに限定されるわけではなく，経済事業や信用事業など総合性を有する農協にとっては，共済事業の変容が農協の仕組み，場合によっては農協の存続そのものにまで大きな影響を及ぼす懸念がある。それだけではなく，より根底には保険サービスを通じて，協同組合と多国籍企業・民間企業とのイコール・フッティングを追求し，究極的には協同組合の存在意義を弱め，あるいは協同組合自体を否定する動きもみられる。そしてその動きは，米韓FTA以前から韓国国内で続く長い農協批判と要求—信用・共済事業の分離，と合流することで加速化し，2011年の農協法改正を経て，農協中央会の経済事業は農協経済持株会社へ，同じく信用・共済事業は農協金融持株会社へ分離・変容している[2]。一方で，地域農協の総合性は保持されている。

　さらに，民間企業とのイコール・フッティングとして農協の保険サービス

（共済）は，①監督官庁が農林畜産食品部（当時）から民間企業と同じ金融委員会へ移管し，②根拠法も農協法ではなく保険業法が適用され，③その結果共済ではなく保険となり，④地域農協が金融持株会社の保険を販売する場合，一般の金融機関と同じく金融機関保険代理店扱いとなり，⑤バンカシュランシュ規定が適用されることとなった[(3)]。

米韓FTAと国内での継続的な農協批判を受けて，農協を取り巻く環境が急激に変化するなか，本章ではそれが地域農協にどのような影響を与えているのか，実態の変容に焦点をあててみていく。対象とする農協は，全羅北道完州郡にある高山（ゴサン）農協である（図V-1）。完州郡は全北道の主要都市である全州（チョンジュ）市を囲むように位置し，農業が盛んであり，第IX章で取り上げるローカルフード（日本の地産地消）に韓国でいち早く取り組んだ地域としても有名である。そのため農業に力を入れた優良農協も少なくなく，そのうちの1つが高山農協である。

2．地域農協への影響

（1）高山農協の位置

全北道完州郡は，行政区域として2つの邑（日本の町に相当）と11の面（村に相当）で構成される。郡内には農協が10あり，邑もしくは面ごとに1つの農協というケースがほとんどである。ここで取り上げる高山農協は，高山面，東上（トンサン）面，飛鳳（ビボン）面の3面をカバーしている。当初は，東上面や飛鳳面にもそれぞれ農協があった。だが，郡内でも小規模な農協であり，独立して事業展開し経営することが厳しかったため，高山農協が30年前に東上農協を，20年前に飛鳳農協を吸収合併している。高山農協自体は，独立し経営できる状況にあったが，その規模では発展の可能性が小さいということで，吸収合併に踏み切っている。

韓国の農協の特徴の1つとして，基盤となる邑あるいは面の行政区域を超えて，農家は地域農協の組合員になることができる。当初農家は，属する邑・

面の農協の組合員にしかなることができなかったが，10年前の農協法改正により，郡内の農家は郡内の農協の組合員になることができるようになった（郡単位）。したがって高山農協の場合，完州郡の農家が組合員の対象となる。かつて，韓国でも地域農協の広域合併が進められたが，必ずしも規模に見合った経営効果があらわれたわけではなかった。そこで農協ではなく，農家が自由に選択し組合員になれるよう郡単位での広域加入を認め，それにより郡内での農協間の競争を促進させるというねらいが，この制度変更にはあった。ただし，現実には区域（邑あるいは面）以外の農家が，当該農協の組合員になるケースはあまりみられないようである。

(2) 組合員と出資金

　高山農協を構成する3つの面の農業は，それぞれ異なる特徴を有する。高山面では，米が盛んであり，その他にもタマネギ・ニンニク・イチゴ・畜産（韓牛）なども盛んである。飛鳳面は，トマトや野菜類（特にサンチュ）・スイカに加え，畜産（韓牛）が盛んである。他方，東上面は柿が盛んであり，地元の柿を原材料に加工した柿酢が有名であるなど，バラエティに富んだ地域といえる。

　2016年の高山農協の正組合員数は2,529人であり，その約4割が65歳以上の高齢者である。正組合員のうち郡内（3面以外）の組合員は100人程度である。その多くは，高山農協による農産物販売等のサービスがよいことや，他の農協では取り組んでいない事業—例えばタマネギの契約栽培などを目的に加入している。他方，准組合員は4,522人で全体の6割強を占めており，多くが信用取引を契機に加入している。

　高山農協の特徴は，正組合員が増加していることである。毎年100人ほど新しく正組合員が加入する一方で，30人程度が高齢による他界等で減少するため，純増は70人ほどである。新規加入者のうち，都市部からのUターン，いわゆる帰村・帰農が1/3を占め，その他1/3は親戚が居住しておりその紹介で定住した人，残り1/3は同地域を気に入って移住した人である。農業との

関係でいえば，先述した高山農協が提供する事業への関心・理解も大きく貢献している。

出資金は，正組合員が56.2億ウォン，准組合員は約2,200万ウォン（1人5,000ウォン）であり，正組合員が圧倒的シェアを占めている。

（3）事業展開

高山農協は，経済事業，信用事業，共済事業に加え，加工事業と営農指導をおこなっている。そのうちの前4事業の実績を示したのが**表Ⅵ-1**である。

高山農協は，2005年頃までは信用事業を中心とした農協であった。しかし，組合長の交代（現組合長）を契機に，経済事業に力を入れている。第1は，学校給食への農産物販売である。主要品目は米とタマネギで，そのための低温貯蔵施設なども整備している。販路は農協が独自に開拓し，現在完州郡内すべての学校に加え，全北道茂朱（ムジュ）郡やソウル市の4つの区，大田（デジョン）市や世宗（セジョン）市にも販売している。16年実績は959トン・37.7億ウォンである。

第2は，有機や無農薬栽培などの親環境農法及び契約栽培の取り組みであ

表Ⅵ-1　高山農協の事業推移

（単位：百万ウォン，%）

		2005	10	15	16年	総利益	10～16年変化率
経済事業	購買	1,607	6,836	13,135	18,412	1,759	169.3
	販売	11,335	28,550	29,343	38,357	2,121	34.4
	マート	620	5,925	8,314	8,131	1,220	37.2
	加工	481	1,813	2,813	2,826	419	55.9
	その他	178	1,811	2,886	1,560	333	-13.9
信用事業	預金	5,460	8,798	12,322	13,580	3,225	54.4
	貸出金	4,075	4,663	9,698	11,529		147.2
共済事業	保険料	4,726	7,076	6,162	5,921	487	-16.3
総計		28,482	65,472	84,673	100,316	9,564	53.2

資料：「高山農協資料」より一部修正して作成。
注：1）「経済事業」には，在庫を含んでいない。
　　2）生産資材は「購買」に，生活用品は「マート」に含まれる。

る。親環境農法は米が82戸・78.7ha・500トンで，ジャガイモも10戸・5.0ha・120トンで実践しており，この他に米はタニシ農法（41戸・45.0ha・266トン）にも取り組んでいる。これらはいずれも契約栽培であり，この他にタマネギ（62戸・33.0ha・1,900トン），ニンニク（12戸・2.8ha・42トン），大豆（95戸・3.3ha・69トン）も契約栽培である。

　第3は，これまで高山農協は畜産物を取り扱っていなかったため，畜産に関わる販売・購買事業はおこなっていなかった。それを2007年頃から，隣接する華山（ファンサン）農協と共同で飼料を調達し，畜産の販売事業にも取り組んでいる。

　第4は，米と韓牛は生協など販路先を開拓し，すべて農協独自で販売している。高山農協では，畜産部門を取り込んだ結果，2010～16年にかけて購買は169.3％の大幅増，販売も34.4％増加している。加えて，信用事業も大きく伸びるなど，相乗効果も生じている。

　2016年の実績を踏み込んでみると，購買は184.1億ウォンであり，そのうち飼料が6割弱を占め最も多い。肥料は全体の1割強を占め，肥料供給の90％以上を高山農協が独占している。これに対し農薬は，購買の2.5％を占めるに過ぎない。農薬は，一般販売店の方が価格が安く，また販売員も専門的かつ経験が豊富であるため状況に応じて的確なアドバイスをおこなえるが，農協は人事異動で専門的知識が脆弱なため劣勢に立たされている。販売は383.6億ウォンで，概ね韓牛と園芸作物が各1/3を占め，残りは米と雑穀（大豆）が1/6ずつを占める。マートは，07年12月に開設したハナロマート（直売所）に加え，ロッテマート等7つの大型マートでの販売を指す。マートでは，米やタマネギ・イチゴなどの園芸作物を扱っており，全出荷量の3～4％ほどをマートで販売している。

　信用事業は，預金が135.8億ウォン，貸出金も100億ウォンを突破するなど近年増加傾向にある。共済事業は59.2億ウォンと前年より減少しており，2010年と比較しても16.3％の減少を記録している。

　一般管理費を差し引かない総利益は95.6億ウォンであり，最も多いのが信

用事業の32.3億ウォンと全体の1/3を占める。次が販売の21.2億ウォン（22.2％），購買の17.6億ウォン（18.4％）とつづき，共済事業は4.9億ウォンと5.1％に過ぎない。数値は公開していないが，部門別経常利益では，経済事業のうち事業実績の大きい購買と販売は赤字であり，信用及び共済事業は黒字である。なかでも信用事業の黒字が大きく，農協全体の経営を支えている。

（4）持株会社化の影響

以上のような高山農協の事業展開に対し，農協中央会の事業分離と持株会社化によってどのような影響が生じているのか。

高山農協によると，持株会社化がはじまって数年を経過した段階であり，特に経済持株会社は2017年に完全移行したばかりということもあって，持株会社化に対する評価を下すことは時期尚早とのことである[4]。とはいえ，持株会社化前の中央会では，農業者のサポートなどが前面に出ていたが，今はビジネス中心に変わってきたのではないかと感じている。

他方，各事業においてはより明確な変化が生じてきている。まず販売事業では，韓国の農協中央会は官製組織に近いため，地域農協は系統販売をほとんどおこなわず独自販売をしている。高山農協の場合，米や韓牛は100％独自販売しており，園芸作物も系統販売は10％程度に過ぎない。こうした独自販売が有機栽培に力を入れ，あるいは契約栽培に取り組む原動力の1つになっている。

ところが，経済持株会社は地域農協に対し，系統販売へ誘導する動きを強めている。経済持株会社は，付加価値のある農産物を扱っていくとし，さらに少子高齢化が進むなか，米を含む農産物の販売を小分け販売に転換していくとしている。換言すればこの先，収益性が見込まれる農産物の販売を持株会社に集約化したいということであろう。そしてそのためには，系統販売への誘導が不可欠ということである。したがって地域農協からすると，収益性の高い農産物を持株会社に吸い上げられるとともに，農産物の調達・供給役としての性格が強まり，しかも手数料収入を甘受せざるを得なくなる（もち

VI. 米韓FTAと地域農協

ろん，すべてを系統販売するわけではないが)。また組合員にとっても，従来であれば地域農協ができるだけ高く販売し，その収益が組合員に還元されるはずであるが，その機会を奪われることになる。そのような問題を抱えつつも，100％独自販売している米や韓牛を含め，今後高山農協としても持株会社の誘導に応え，系統販売を強めていかざるを得ないとのことである。

また信用事業では，2つの懸念がみられる。1つは，これまで農協中央会と地域農協は統合した電算システムを利用しており，地域農協は中央会に利用料を支払っていた。その電算システムが分離される可能性があり，分離されると利用料が高くなるのではないかとみている。いま1つは，これまでも中央会の子会社であったNH銀行と地域農協は，同じ信用事業のネットワークを利用していたが，持株会社化によって利用料が高くなることを懸念している。

さらに共済事業では，金融機関保険代理店へ移行したことにより，**表Ⅵ-1**でみたように事業実績は16.3％減少し，収益も低下している。それは，金融持株会社及びその子会社が外注等による商品開発へ移行し，その結果これまでよりコストが多くかかるようになり，それをカバーするために他のコストを削減する必要性が生まれているからである。削減の1つが，代理店販売する地域農協への手数料の引き下げである。高山農協によると，持株会社化以前と同じ収益を出すためには，従来をはるかに超える商品を販売しなければならないとのことである。

第2は，販売プロセスで手数料を徴収する持株会社が1つ増えたことで，その分地域農協の手数料にしわ寄せが来ている。

第3は，コスト削減のため保険加入者の還付金も低下するなど，加入者（組合員）にも影響が生じている。このことは，事業実績の減少に大きく結び付いている。これまでは，一括の保険や貯蓄性の高い保険など比較的大口の商品を販売してきたが，還付金の低下により大口商品の売り上げが減少している。その代わり，保証保険（医療実費等）などの小口商品の販売が増えている。これは，加入者が大口商品から小口商品へシフトしたことに加え，地域

農協としても小口商品を販売することで，容易に販売結果を出したいという心理が作用している。

以上の変化が，事業実績の減少と収益性の悪化となって現出している。

3．さらなる動き

農協中央会とは異なり，地域農協では現在も総合性を有した事業展開をしており，専門性に特化した農協中央会・持株会社と，総合性を有する地域農協との間に「ねじれ」が生じている。だがその「ねじれ」は，高山農協でみたように系統販売への誘導や，コスト削減のしわ寄せ，組合員の利益喪失という面で，地域農協にも市場競争による直接的間接的な影響が生じている。

このように市場競争という土俵にのることによって，持株会社は否応なしに経済効率性を強めざるを得ず，その先には多国籍企業・民間企業との本格的な競争が待ち受けている。そして，その余波は地域農協にも及びつつある。高山農協によると，政府は地域農協に対しても競争力強化の1つとして，さらなる広域合併を推進しており，その後には地域農協の事業分離，総合性から専門性へという動きも視野に入れているようである。

注
（1）前掲「米韓FTAからTPPをみる」『TPPと農林業・国民生活』を参照。
（2）農協経済持株会社及び農協金融持株会社の経営状況については，拙稿「農協中央会の事業分離と米韓FTA」（『文化連情報』No.486，2018年）を参照。
（3）バンカシュランシュ規定は，店舗外での営業禁止，すなわち店舗内で直接対面販売をしなければならないこと，保険商品販売者は1店舗当たり2人に制限されること，バンカシュランス25％ルール（総資産額が2兆ウォン以上の金融機関は，保険募集総額に対しひとつの保険会社の商品の新規募集額が25％を超えてはならない）の適用といった制限が課せられる。
（4）高山農協のクク・ヨンソク組合長，ソン・ビョンチュル常任理事，キム・チャンウ常務他からのヒアリング調査（2017年9月）による。

Ⅶ. 米韓FTAとISDS

1. 投資・ISDS

　非関税障壁として注目された分野の1つが「投資家―国家間紛争解決手続き」，いわゆるISDSである。ISDSは米韓FTAの第11章の投資で規定されており，投資家―その中心である多国籍企業が直接国家を相手に提訴できる制度である。ISDSは国家主権を脅かすものとして，日本のTPP協定でも大きな問題の1つとして注目された。例えば，自民党が政権復帰した2012年の衆議院選挙の公約でも，TPPの判断基準として「国家の主権を損なうようなISDS条項は合意しない」としたことや，TPP違憲訴訟などから影響の大きさをみてとれる。

　米韓FTAでも，批准に向けた当時の国会審議でISDSなどの懸念材料に対する不満・批判が噴出した。その後，2012年3月の米韓FTA発効の翌月におこなわれた総選挙で，ISDSが争点の1つになったこともあり，当時の李明博政権は発効後3カ月以内にサービス投資委員会を設置し，ISDSについてアメリカと再協議すると表明するなど[1]，その対応に追われた。

　ISDSの詳細な導入プロセスや国民の懸念に対する韓国政府の説明等は，拙著ですでに指摘した[2]。そこでここでは，簡単に制度のポイントのみをまずは再確認する。ISDSは，投資家が直接国家を相手に提訴できる制度であり，そのポイントは大きく3点に整理できる。第1は，どのようなケースで提訴できるのかであり，それには収用が関係してくる。収用には，直接収用と間接収用の2種類がある。まず直接収用とは，政府や自治体などの行政が公共を目的として，適切な手続きにもとづき私有の所有権・財産権を強制

的に取得あるいは国有化するものである。その際，相手によって差別することなく，必ず収用時の市場価格または期待利益を含む金額を補償しなければならない。直接収用は日本や多くの国でもみられ，例えば道路の拡幅などのために道路沿いの民家が立ち退くケースなどが該当する。

これに対しいま1つの間接収用が，ISDSと結び付く。間接収用は，政府や自治体の法律や条例等の規制によって，所有者が財産の使用や期待される利益を奪われることを指す。最大の特徴は，実際に奪われただけではなく，奪われたであろうという予測・期待が多分に含まれるという点であり，行政が所有権・財産権を物理的に取得する可視的な直接収用とは一線を画する。この被った期待利益などの損失を回復すべく投資家が提訴するのが，ISDSである。

第2のポイントが，提訴する際，投資家は相手国の裁判所もしくは国際仲裁手続きのどちらかを基本的には選択しなければならないことである。この国際仲裁手続きの代表的な機関が，世界銀行傘下にある国際投資紛争解決センターである。もし投資家が，相手国の裁判所に提訴すれば，相手国の法律によって審理・判決が下されるが，国際仲裁手続きの場合，経済性が唯一の審理・判決の基準となる。すなわち，問題とされた法律や条例等の規制が，相手国の国民にとって必要な公共性を有する目的であったとしても，そうした事情は考慮されず，その規制によって投資家が損失を被ったかどうかのみが唯一の判断基準とされる。

第3は，相手国の裁判所であれば，不服申し立て（三審制の韓国では控訴・上告）が可能であるのに対し，国際仲裁手続きは単独審議制（一審制）のため，その判定が効力を有する。

2．具体的事例

韓国では，投資家によるISDSでの訴訟を6件経験している（執筆段階）。順に，米国系ファンドであるローンスターのベルギー子会社，アラブ首長国

Ⅶ. 米韓FTAとISDS

連邦の国営石油投資会社のオランダ子会社であるハノカル，イラン系企業ダヤニの所有会社であるエンテカブ，米国系ヘッジファンドのエリオット，米国系ヘッジファンドであるメイソンキャピタル，スイスのエレベーター製造会社シンドラーであり，エリオット以下はすべて2018年に生じたものである。

このうち米韓FTAと直接関係するのは，エリオットとメイソンキャピタルであり，両者の対象事案は同一であるため，以下でまとめて取り上げている。また，ISDSをより知るために，情報の乏しい最新のシンドラーの事案[3]を除く3件についても概要をトレースしたい[4]。なお，ISDSの情報は極めて制限的であることから，その多くは韓国政府の発表や新聞記事等によるところが多い点を予め断っておく。

（1）ローンスター

米韓FTA発効後の本格的なISDSは，米国系ファンド・ローンスターのベルギー子会社が国際投資紛争解決センターへ韓国政府を提訴した件である。これはベルギーとの投資協定によるISDSの行使である。

ローンスターは協定にしたがい，提訴前の6ヵ月間仲裁協議をおこなうため，2012年5月に韓国政府へ仲裁意向書を提出している。その内容は，1つは韓国の金融委員会による外換銀行の売却遅延損害に対するものである。韓国の外換銀行は，国際取引が多くアジア通貨危機の影響を受けて経営難に陥ったため，03年にローンスターが買収した金融機関である。ローンスターは外換銀行を，06年に韓国の国民銀行へ，07年にはEUのHSBCホールディングスへ約6兆ウォンで売却しようとしたが，いずれも金融委員会の遅延行為により売却承認が下りなかったため売却できず，最終的には12年にハナ銀行へ約4兆ウォンで売却している。こうした売却承認の遅延によって，売却価格が約2兆ウォン下落したことに対する損害賠償請求ということである。

いま1つは，韓国政府が外換銀行の売却金額に課した3,900億ウォンに加え，その他の各種税金を合わせた8,500億ウォンは，韓国・ベルギー租税条約により不当であるという主張である。

89

韓国政府とローンスターは協議をおこなったが，立場の隔たりが大きかったため6カ月間で仲裁協議が成立せず，その結果ローンスターは2012年11月に国際投資紛争解決センターへ正式に提訴している。仲裁意向書での損害賠償請求額は43億ドルであったが，為替変動による損害を追加し46.8億ドルへ増額している。

　提訴後は，本案前抗弁，仲裁審理，仲裁判定，仲裁判定執行と進行していく。審理は，3人で構成する仲裁判定部がおこなう。仲裁裁判長にはロンドン国際仲裁裁判所副所長を選任し，韓国政府及びローンスターも仲裁人を1人ずつ選定している。アメリカのワシントンで2015年5月に1回目の審理として売却遅延損害を，6月に2回目の審理として課税損害を扱っている。その後，オランダのハーグで2016年1月に3回目，6月に4回目の審理をおこない，両者の最終弁論は終了し，8月には裁判費用の支払いに関する意見書の提出も完了している[5]。それからすでに2年が経過しているが，韓国法務部によると，現在も仲裁判定部の手続き終了の宣言及び判決の宣告を待っているところである。

(2) ハノカル

　UAEの国営石油投資会社は，オランダにある子会社ハノカルを通じて，1999年に現代オイルバンクの株式を50％購入し，2010年にそれらを現代重工業に対し1兆8,381億ウォンで売却している。韓国の税務当局は，売却代金に対し1割の1,838億ウォンを課税したが，ハノカルは韓国・オランダ間の二重課税防止協定を理由に課税は不当であるとし，韓国裁判所に提訴している。

　韓国裁判所での1審・2審での敗訴ののち上告し，大法院（日本の最高裁判所）での判決前の2015年5月にISDSによって国際投資紛争解決センターへ提訴している。だが，同年8月に大法院での敗訴が確定し，その後16年7月にハノカルはISDSによる提訴を取り下げている。取り下げの理由は明らかにされていないが，勝算がないと判断したためとみられる[6]。

Ⅶ. 米韓FTAとISDS

(3) エンテカブ

　イラン系企業ダヤニの所有会社である家電企業エンテカブは，韓・イラン投資保障協定を根拠に，2015年2月にISDSにより韓国政府に仲裁意向書を回付し，その後9月に正式に国際仲裁に提訴している。

　エンテカブは，大宇エレクトロニクスの筆頭株主である資産管理公社ケムコが進める大宇エレクトロニクスの売却において，2010年4月に優先交渉対象者に選ばれている。同年11月に，契約金として買収代金の10％にあたる578億ウォンをケムコに支払い，12月には買収資金の調達が確実であることを証明する投資確約書をケムコに提出している。だが，ケムコから投資確約書が不十分であることを理由に売買契約を解消され，契約金の578億ウォンも返還されることがなかった。

　エンテカブは韓国裁判所に契約金の返還を求め訴訟を起こし，裁判所は調停案を出したが，ケムコが拒否することとなった。また，エンテカブは，韓国裁判所に優先交渉対象者の地位保全などの仮処分も申請したが，投資確約書の不備を事由とした契約解除は正当であるとし，エンテカブの訴えを棄却している。

　そこでエンテカブは，韓・イラン投資保障協定にもとづく内国民待遇及び最低待遇基準（外国人に対する公正・公平な待遇原則）に違反があるとし，国際仲裁に回付することとなった。エンテカブは，買収の契約解除により損害を受けたとして，契約金の578億ウォンと遅延利子を求めている。約3年の審理の結果，2018年6月に国際仲裁は韓国政府に対し，エンテカブへ730億ウォンの賠償金を支払うよう命令を下している。これを受けダヤニ（エンテカブ）は，オランダのロッテルダム地裁に韓国政府の資産仮差し押さえを申し立て，地裁はそれを認めている（2019年2月）[7]。資産とは，オランダに進出しているサムスンやLGなどの韓国企業が韓国政府に対し有する債権を指し，ダヤニ（エンテカブ）は資産の差し押さえ手続きに入っている。

（4）エリオットとメイソンキャピタル

　本件が，米韓FTAによるISDSの最初の事例である。これは，サムスン物産と第一毛織の合併プロセスにおける訴訟である。サムスン物産の株主である米国系ヘッジファンドのエリオットは，サムスン物産と第一毛織との合併に反対であった。これに対し，同じく株主である国民年金公団は合併に賛成し，最終的には合併が承認されることとなった。エリオットは，国民年金公団が合併賛成を決めるプロセスにおいて，韓国政府による不当な介入がおこなわれたため合併は不当であると主張し，韓国裁判所にサムスン物産の株主総会決議禁止の仮処分申請をおこなったが，棄却されることとなった。

　そこでエリオットは，米韓FTAに規定された内国民待遇（11.3条）と最低待遇基準（11.5条）に違反しており，合併によって損害を被ったとして，2018年4月に韓国政府に対し仲裁意向書を提出している。仲裁意向書は，通常1～2ページの簡略的なものであり，具体的内容は明記されていないとのことである[8]。90日間の仲裁期間が満了したため，エリオットは7月に，正式にISDSによって国際仲裁へ提訴し，7億7,000万ドルを被害補償額として請求している。これは仲裁意向書よりも1億ドル増えているが，この間の為替変動によるものと思われる。

　なお，サムスン物産と第一毛織の合併に関連して，米国系ヘッジファンドであるメイソンキャピタルも，韓国政府に対し1億7,500万ドルの損害賠償を求め，ISDSによる仲裁意向書を提出している。

（5）小括

　以上4件の事案についてトレースした。このうちエンテカブは賠償金を支払う最初の判決であり，ローンスターとエリオット，メイソンキャピタルは現在進行中の訴訟であった。こうした訴訟の進捗だけではなく，両者には大きな相違がある。すなわち，エンテカブは契約金の返還を求めたものであり，実際に支払ったものに対する訴訟である。したがって，一般裁判と同一とい

える。これに対し残り3者は，喪失した期待利益に対する損害賠償請求であり，実際に利益をあげられたかどうか不明なものに対する訴訟である。ここに，間接収用・ISDSの本質が凝縮されている。

3．米韓FTA改定交渉

　アメリカ・トランプ政権は米韓FTAの改定を要求し，アメリカ側の要求に応じる形で米韓FTA改定交渉がおこなわれ，2018年3月に「原則的合意」に至った。米韓FTA改定交渉については第Ⅷ章で取り上げるが，改定交渉で韓国サイドが提起した関心事項の1つがISDSであった。そこで，一足先にISDSをめぐる米韓FTA改定交渉の結果を明らかにしておく。

　2018年9月に政府が公表した米韓FTA改定交渉の結果をみると，ISDSでは大きく2点の改善がおこなわれたということである。1つが「ISDS濫訴の制限」であり，5つの改善点が明記されている。すなわち，①同一の政府措置（法律や政策，条例等）に対し，他の投資協定を通じたISDSの手続きが開始もしくは進行している場合は，米韓FTAを通じたISDSはできないこと，②仲裁判定部が本案前の抗弁段階で迅速な手続きを通じて決定できる事由として，明確に法律上の事由がないISDSの請求を追加，③他の投資協定上の紛争解決手続き条項を適用するために，最恵国待遇条項を援用できないことの明確化，④ISDSを請求する場合，すべての請求要素に対し投資家による立証責任を明確化，⑤「設立前投資」を，投資のための具体的な行為（許可または免許申請など）をおこなった場合に制限することで，「設立前投資」の保護範囲の拡大解釈を防止すること，である。

　いま1つが「政府の正当な政策権限保護」であり，その改善点は，⑥内国民待遇及び最恵国待遇に関連し，「同種の状況」判断によって異なる待遇をすることがあっても，正当な公共福祉の目的により正当化されるよう考慮すること，⑦当事国の行為が，投資家の期待に符合しないという事実のみでは，投資家に損害が発生しても，最低基準待遇違反ではないことの明確化，であ

る。そして，今後ISDSの手続き改善が可能となるよう，投資チャプターを追加・改定する根拠を準備していくとしている。

　以上の改善点により韓国政府は，応訴負担の緩和を確保したと評価している。確かに，例えば従来であれば，投資計画があると公表するだけで「設立前投資」とみなされたが，⑤によって「設立前投資」の行為を具体化することで，請求範囲の限定化，訴訟リスクの軽減，期待利益の抑制に資するといえよう。その一方で，許可または免許申請段階でも十分提訴できるということでもある。さらに，⑥の正当な公共の福祉を目的とした法律や政策・条例等に関しては，米韓FTA当初から懸念されたことである。詳細は別稿に譲るが[9]，その懸念に対し韓国政府は，協定文の付属書Ⅰ（現在留保）と付属書Ⅱ（未来留保）に記載した事項（第Ⅰ章の注（1）・（2））はISDSの対象外であるため問題ないと説明してきた。今回の改定交渉では，この点をより強調したということであろう。しかし，問題は誰が「正当化」を判断するのか，また公共の福祉に対してはあくまでも「考慮」にとどまっており，したがってその判断は未確定ということである。何よりも米韓の企業に対する異なる待遇，あるいはその判断の是非を求めて企業はISDSを用いて提訴するのであり，結局のところ国際仲裁手続きの判断に依拠することになるものと思われる。

注
（1）その結果については，前掲『FTA戦略下の韓国農業』pp.91～92を参照。
（2）前掲『FTA戦略下の韓国農業』第3章を参照。
（3）シンドラーによるISDSについては，「中央日報」（2018年7月20日付け）を参照。
（4）ISDSによる訴訟には至っていないが，ISDSに関わる事案として学校給食条例の事例もある。これについては，前掲『FTA戦略下の韓国農業』第3章を参照。
（5）ローンスターによるISDS訴訟に対し，韓国政府はこれまでに400億ウォン以上の予算を投入したと伝えられている（「中央日報」2018年7月13日付け）。
（6）「中央日報」2018年7月28日付け。
（7）「朝鮮日報」2019年2月19日付け。
（8）「ハンギョレ新聞」2018年5月1日付け。
（9）拙稿「TPPを先取りする米韓FTA」『TPP問題の新局面』（大月書店，2012年）pp.152～154を参照。

Ⅷ. 米韓FTA改定交渉の結果

1. アメリカ・ファースト

　周知のようにアメリカ・トランプ政権は,「アメリカ・ファースト」をスローガンとして, アメリカの国益にそぐわない貿易協定からの離脱や改定, 新たな締結などを推し進めている。離脱はTPP協定であり, 改定はNAFTA（北米自由貿易協定）や米韓FTAなどが該当し, 新締結がTAG・日米FTAを指す。これらは, アメリカサイドからみて, 不公正な貿易構造・ルールが取り決められ, その結果巨額の貿易赤字を強いられている点（TPPを除く）で共通している。それ故に, トランプ政権発足後, 最重要課題として早急に改善すべく離脱や改定を精力的に推し進めてきたということである。
　では, トランプ政権はどのような要求を出し, どのような結果に至ったのか, ここでは米韓FTA改定交渉の結果を明らかにしたい。

2. 改定交渉の経緯

　トランプ大統領は, 大統領選においてすでに米韓FTAによる貿易赤字問題を取り上げ, 米韓FTAはアメリカ国民の雇用を奪う協定と非難していた。大統領就任後, 主要閣僚ではペンス副大統領が2017年4月中旬に, 米韓FTA改定交渉の必要性を言及したのが最初である。同年の4月下旬にはロス商務長官が, 米韓FTAの改定に向けた交渉を検討中とインタビューに答え, その2日後にトランプ大統領も, 米韓FTAの再交渉もしくは破棄を願うとし, はじめてトランプ政権が米韓FTAの破棄まで視野に入れていることが公と

なった(1)。

　その後アメリカは，2017年7月に米韓FTAの共同委員会において，特別会議の開催を要請する書簡を発送し，それを受け同年8月に第1回，10月に第2回の特別会議を開催した。この特別会議において，両国は米韓FTAの改定の必要性に関する認識の共有化が図られたとし，改定交渉に向けた国内手続きを進めることとなった。韓国政府は国内の通商手続法に即し，まずは米韓FTAの改定に関する経済的妥当性の検討→公聴会の開催→国会への報告という手続きを，アメリカ政府も議会に対する交渉開始の意向通知（交渉開始の90日前）→公聴会の開催→交渉目標の公開（同30日前）という手続きを経て，改定交渉の開始が宣言された。

　韓国政府からすれば，一方的に米韓FTA改定交渉を突きつけられる結果となったが，それを受け入れた背景は，大きく2つに整理することができる。1つは，協定文に定められているためである。すなわち，米韓FTA協定の第24条では，両当事国の一方が協定の改定を要求すれば，書面で合意したのち交渉することができる。それが上述した2017年7月の動きである。

　いま1つは，2017年は北朝鮮の核問題や弾道ミサイルの発射実験など，朝鮮半島をめぐる安全保障上の脅威・緊張が極めて高まった時期であり，韓国政府としても安保の観点から，トランプ政権が要求する米韓FTA改定交渉を受け入れざるを得ない状況におかれたためである。

　改定交渉は2018年から本格的にはじまり，18年の1月上旬・下旬に第1・2回を，3月中旬には第3回の交渉をおこなっている。特に第3回は，トランプ大統領が進捗状況に不満を表明したため，改定交渉とは別に急遽「米韓通商長官会談」もおこない，最終的には3月24日に「原則的合意」に至っている。もちろん，特別会議がおこなわれた17年の準備期間に加え，水面下での交渉もおこなわれたものと思われるが，本格交渉はわずか3カ月で決着している。この背景にも，韓国側は平昌（ピョンチャン）オリンピックでの統一旗・チームでの出場など北朝鮮と急接近した時期であり，その後の南北会談の開催や融和に向けて，アメリカの取り込み・了承を必要とした安保上の

Ⅷ. 米韓FTA改定交渉の結果

思惑が大きく影響している。他方，アメリカサイドは，早期の貿易赤字問題の解消と11月の中間選挙への成果アピールといったねらいが推測される。韓国政府は，「原則的合意」から約半年後の9月3日になって，ようやく米韓FTA改定交渉の結果を公表している。その後，24日に正式に署名し，米韓ともに国内手続き等を経て，2019年1月1日に必要な国内手続きが完了した旨の書面通知を交換し，同日発効している。

改定交渉では，アメリカ側は貿易赤字問題，特に自動車・鉄鋼分野を問題とするとともに，これまでの米韓FTAの履行に対する問題（主に医薬品分野）を，韓国側はISDS問題を重点的に取り上げている。このうちISDSに関する改定交渉の結果については，前章で明らかにしたとおりである。したがって本章では，まず自動車・鉄鋼分野をめぐる貿易赤字問題を韓国側の輸出実績からみていくこととし，次に医薬品分野における改定交渉の結果を明らかにする。また，米韓FTA改定交渉では米韓のスタンスは異なるが，為替条項についても触れることにする。

3．鉄鋼製品

アメリカは，米韓FTA改定交渉が本格始動する前年の2017年までに，貿易不均衡に対する措置として，すでに31件（反ダンピング22，反ダンピング及び相殺関税7，セーフ・ガード2）の輸入規制を韓国の鉄鋼製品に対し課している[2]。

これに加えトランプ政権は，安価な鉄鋼製品の輸入が，国内の鉄鋼業界を圧迫し衰退させているとし，それが国家安全保障上の脅威となっているかについて，輸入制限を認めるアメリカ通商拡大法232条にもとづく調査を指示している。これは，GATT第21条の国家安全保障にもとづく輸入制限に依拠している。調査報告書では，アメリカは鉄鋼製品の輸出額の4倍輸入するなど，不公正な貿易によって不利益を被っていると結論付けた。その結果，商務省は勧告案（2018年2月）を出し，①すべての国に最小24％の追加関税を

課すこと，②韓国を含む12カ国を対象に最小53％の関税を賦課，③17年輸入量の63％の割当を設定する，とした。最終的には2018年3月23日から鉄鋼製品に対し，24％ではなく25％の追加関税を開始している。その一方で，アメリカへの輸出量が多い上位4カ国のカナダ・ブラジル・韓国・メキシコ，さらにEU，オーストラリア，アルゼンチンを加えた7カ国・地域に対しては，貿易交渉によってアメリカの不利益が是正されることを期待し，同年4月まで追加関税の適用を除外するとした。したがって，国家安全保障上の脅威を「入口」とするが，「出口」は貿易交渉の結果次第で適用の可否を決めるとすることから，「入口」はあくまでも建前に過ぎない。

　こうした2重の渦中で鉄鋼分野の改定交渉がおこなわれ，先の③を念頭に，韓国が鉄鋼製品の輸出量を2015～17年の3カ年平均（383万トン）の7割（268万トン）に制限することで合意した[3]。ところで，③のように2017年ではなく3カ年平均を基準とした意味を探るために，鉄鋼製品のなかでも最も対米輸出の多い「HSコード7306」（鉄鋼製のその他の管及び中空の形材）を取り出したのが**表Ⅷ-1**である[4]。これは，アメリカが輸入制限の対象とした品目群の1つでもある[5]。

　米韓FTA発効前年の2011年の輸出量は122万トンであった。それが発効1年目には151万トンへ24.2％増加し，14年には最高の230万トンを記録してい

表Ⅷ-1　鉄鋼製品の対米輸出実績

（単位：千トン，百万ドル）

	重量	金額	直近3カ年平均	
			重量	金額
2011	1,216	1,330	812	833
12	1,511	1,521	1,232	1,266
13	1,584	1,415	1,437	1,422
14	2,299	2,103	1,798	1,679
15	856	671	1,580	1,396
16	1,001	639	1,385	1,138
17年	1,729	1,432	1,195	914

資料：『貿易統計年報』（各年版）より作成。
注：「鉄鋼製品」は，「HSコード7306」のみの実績である。

Ⅷ．米韓FTA改定交渉の結果

る。だが，先述した輸入制限の影響も関係し15年は86万トン，16年は100万トンと低迷するが，17年は再び173万トンへ大きく増やしている。これは，第Ⅰ章で記したように，中国の環境政策による生産縮小やアメリカのエネルギー産業の需要増が大きく影響している。したがって，米韓FTA改定交渉で韓国が受け入れた輸出制限の算定起点である2015年は，FTA発効後最も輸出量の少ない年であり，その次が16年である。つまり，表中に記すように，大幅増となった2017年実績ではなく3カ年平均，しかも発効後最も輸出量の少ない3年間を基準とし，さらにその7割に制限したこと，加えて輸出制限の終了時期が定まっていないこと，それ故輸出制限の継続あるいは終了に代わる韓国側への譲歩の引き出しなど有利な交渉カードになり得る点で，アメリカは五重の成果を勝ち得たといえよう。このような韓国側が輸出制限をおこなうことで，先述した追加関税の適用除外期間が終了した5月1日に，トランプ政権は韓国への追加関税の適用除外を最終的に承認している。

では，輸出制限を受け，2018年の輸出実績はどのように変化しているのか。輸出制限品目群に限定してみたのが表Ⅷ-2である。総計では18年で243万トンと17年に対し3割減少している。先にみた輸出制限は，3カ年平均の7割にとどめる，換言すると3割減ということであった。3カ年平均と前年比較という点では異なるが，18年に輸出が3割減少している点では符合している。また，すべての品目が減少しているわけではなく，増減の動きが異なること

表Ⅷ-2　鉄鋼製品における主な輸出制限品目群の変化

（単位：千トン，百万ドル）

	2017		18年		変化率	
	重量	金額	重量	金額	重量	金額
計	3,463	2,976	2,432	2,367	-29.8	-20.5
7306	1,729	1,432	718	711	-58.5	-50.3
7210	522	474	452	469	-13.5	-1.0
7208	450	275	725	566	61.1	106.0

資料：『貿易統計年報』（各年版），関税庁ホームページより作成。
注：品目番号はHSコードを指す。品目群の計は「7206～7229」，「7301～7302」，「7304～7306」である。

も表からみてとれる。表中の3品目は，17年の輸出量のベスト3をあらわしている。第1位の「HSコード7306」は6割近く減少しているのに対し，「同7208」は6割増加するなど，輸出制限下にあるとはいえアメリカの需要・実情に応じて輸出実績が左右されていることが推察される。

4．自動車

　他方，2006年の米韓FTA交渉以降，継続してアメリカが問題視しているのが自動車，なかでも乗用車である。2018年における韓国の乗用車の対米輸出額は136億ドルである（**表Ⅰ-3**）。他方，対米輸出総額は727億ドルであるため，全体の18.7％を乗用車が占めている。14～17年は乗用車が2割強を占めていたため，ややそのシェアが低下しているが，これが貿易の不公正においてアメリカが乗用車を問題視する理由の1つである。

　また貿易収支でみると，韓国の乗用車は119億ドルの黒字である（2018年）。同年の対米黒字総額は139億ドルであり，その85.6％を乗用車の黒字が占めていることも，貿易赤字の削減を目指すアメリカが乗用車を取り上げる理由である。さらに，2018年に韓国がアメリカから輸入した乗用車は18億ドルであり，対米輸出額136億ドルのわずか13.2％に過ぎない点も，乗用車を問題とする理由である。

　こうした状況は，米韓FTA発効以降ほぼ一貫して常態化し，アメリカはその是正を絶えず求めており，その具現化に向けた機会が今回の改定交渉である。しかし，両国の乗用車関税は，FTA発効後5年目（2016年）にすでに撤廃している。そこでアメリカは，韓国市場へのアクセス問題と，自動車の安全性及び環境規制などの非関税障壁の撤廃を要求している。

　自動車の交渉結果は，次の4点に整理できる。第1は，アメリカが貨物自動車に課している25％の関税の撤廃期間を当初の10年（2021年1月撤廃）から，新たに20年を追加（2041年1月撤廃）したことである。韓国による貨物自動車（HSコード8704）の直近3カ年の輸出台数は，15年5台→16年40台

Ⅷ. 米韓FTA改定交渉の結果

→17年26台であり，金額も30万ドル→53万ドル→11万ドルに過ぎない（金額のみ18年は20万ドル）。もちろん，関係する個別企業にとっては大きな問題ではあるが，対米輸出全体でみれば，その影響は小さいものと思われる。

第2は，自動車安全基準にもとづく年間の輸入割当台数の拡大である。これは，韓国の自動車安全基準を満たしていなくても，アメリカの安全基準を遵守していれば，一定台数の輸入を認めるというものである。これまではその輸入割当台数を年間2.5万台としていたが，それを2倍の5万台まで拡大することとなった。ただしアメリカの自動車業界は，当初の2.5万台も守られていないことから，「空手形」として不満が噴出している。実際，2017年において，韓国が輸入したアメリカの自動車台数を，いわゆる「ビッグ3」でみると，フォード8,107台，GM6,762台，クライスラー4,843台である[6]。つまり，3社で合計19,712台と2.5万台に達しない。しかも，これらがすべて輸入割当に該当するとは限らないため，輸入割当の充足率はさらに低下する。

第3は，鉄鋼製品に課せられた輸出制限は，自動車には定めていないことである。

第4にアメリカは，「原則的合意」後の2018年5月に，自動車輸入の拡大が国家の安全保障を損なう恐れがあるとして，自動車及び自動車部品に対しても鉄鋼製品につづき，商務省に対しアメリカ通商拡大法232条にもとづく調査を指示するとともに，乗用車に対しても25％の追加関税を提起している。韓国政府は，米韓FTA改定交渉の結果に加え，韓国の自動車企業がアメリカでの現地生産等でアメリカ人の雇用創出に貢献していることを理由に，追加関税の完全なる適用除外を勝ち取ろうとしたが，トランプ大統領からその言質はとれていない。したがって，韓国は米韓FTA改定交渉により18年の適用は免れたが，19年以降再び25％関税の対象国になる懸念を残している。アメリカ商務省は，19年2月に調査報告書をトランプ大統領に提出し，それを受けトランプ大統領は，原則90日以内に追加関税などの是非を決定する。

5．医薬品分野

　当初から米韓FTAの医薬品分野で焦点となった問題は，医薬品価格の決定方法と許可・特許連係制度の導入であり，すでに拙稿でその内容と問題を明らかにした[7]。このうち米韓FTA改定交渉でアメリカ側が言及・要求したとされたのが，前者の医薬品価格の問題である。

　韓国の医薬品価格は，健康保険審査評価院が算定した参考価格をベースに，製薬会社と国民健康保険公団との直接交渉で医薬品価格を決定する仕組みである。これに対し米韓FTAでは，医薬品価格は市場メカニズムで決定することが原則であるとしたが，一方で例外措置も認めている。この例外措置に，韓国の価格決定方法が該当し問題なしとする見解を韓国政府はとっている。だがアメリカサイドは，市場メカニズムに依拠しない韓国の決定方法は医薬品価格を過度に安く設定しているため，アメリカの製薬会社の知的財産権が侵害されているとし，米韓FTAの改定要求に至った。

　政府が公表した改定交渉の結果をみると，医薬品分野の交渉は，医薬品価格の決定システム全般にわたるものではなく，今回は「グローバル革新新薬薬価優待制度」に対してのみ議論されたとある。したがって，上述した市場メカニズムにもとづく医薬品価格の決定に関しては，今回は対象外であったということである。

　議論された「グローバル革新新薬薬価優待制度」は，ジェネリック医薬品の製薬会社が多い韓国において，革新的な新薬の開発を促進させて製薬産業を育成するため2016年に設けた制度である。同制度は，国内の保健医療への寄与度が高く，臨床的有用性を改善した新薬に対し，後述する優待措置を講ずるというものであり，そのためには次の要件を満たさなければならない[8]。それは，①国内において世界で最初に許可を受けた新薬，または次のなかの1つ―国内で全工程を生産，国内・外における企業間での共同契約開発，社会的寄与度，を満たすこと，②国内での臨床試験の遂行，③革新型製薬会社，

Ⅷ. 米韓 FTA 改定交渉の結果

または次のなかの1つ―研究開発（R&D）投資比率が革新型製薬会社の平均以上，3年以上の間に国内・外企業間の開放型革新にもとづいた研究開発投資・成果の創出，である。これらの要件を満たせば優待として，a）代替薬剤の最高価格の10％の加算を認める，b）迅速な登載，すなわち健康保険審査評価院の評価（120日→100日）及び国民健康保険公団との薬価交渉期間（60日→30日）の短縮，c）新薬開発で第Ⅰ・Ⅱ相だけでなく第Ⅲ相まで研究開発税額控除の対象の拡大，を受けられる。

　しかし，同制度は要件からも分かるように，韓国国内を核としたものであり，いわば韓国の製薬会社のみに対し新薬開発における様々な優待措置，インセンティブが付与される。ここに，アメリカサイドからすれば，アメリカの製薬会社が不平等に扱われているという問題があり，米韓間でのイコール・フッティング，すなわち内国民待遇が保障されていないということである。

　今回の改定交渉で，具体的に同制度のどの部分がどのように改定されたのか，「改定交渉の結果文書」には記載されていない。明示されていることは，改定交渉の結果を受け，健康保険審査評価院は同制度の改正案を作成し2018年10月末までに公表すること，韓国政府は19年の早い段階で改正し履行するというスケジュールのみである。しかし実際は，理由を明らかにしないまま10月末での公表は延期され，結局1週間遅れの11月7日に，健康保険審査評価院が同制度の規定改正案である「薬剤の療養給与対象の有無などの評価基準及び手続きなどに関する規定」案を公表している。

　同案では，グローバル革新新薬薬価優待を受けるためには企業要件と製品要件の両方を満たさなければならないとしている。前者は，国際保健機構（WHO）や韓国の行政機関である食品医薬品安全庁が指定する必須医薬品を輸入・生産する製薬会社でなければならないというものである。後者の製品要件は，①新しい医薬品のもととなる物質，②代替可能な他の治療法がないこと，③生存期間の相当な延長など臨床的有用性の改善立証，④FDA（米国食品医薬品局）からの画期的医薬品指定（BTD），またはEMA（欧州医薬品庁）の迅速審査（PRIME）の適用を受けた薬剤，⑤特殊な疾患治療剤

または抗癌剤など，のすべてをクリアしなければならない。このうち①・④はアメリカ製薬会社の要求にもとづくものである。

　グローバル革新新薬薬価優待制度の実施以降，これまで優待措置を受けた国内新薬の実績はまだない[9]。だが，韓国の新薬開発であるにもかかわらず，医薬品分野において優位性を有するアメリカ（FDA）やEU（EMA）の審査許可を得なければ優待措置を受けられなくなったことで，同制度は事実上形骸化したといっても過言ではない。

6．為替条項

　TPPの交渉段階からアメリカ議会で議論され，日本にとってもTAG・日米FTA交渉で関心の高い分野の1つが為替条項である。米韓関係でいえばアメリカは，韓国政府が為替相場に介入してウォンの切り下げを推し進めているとし，これまで韓国を為替監視対象国に指定してきた経緯がある。米韓FTA改定交渉の結果には為替条項はみられず，筆者の知る限りではあるが，ほとんど情報が公にされていない。また，トランプ政権も為替条項の合意文書を公開していない。そのような資料上の制約もあるため，ここでは新聞報道をもとに可能な範囲で検討したい[10]。

　アメリカ財務省と韓国企画財政部が為替問題をめぐり交渉したことは事実であるが，両国で異なるのは交渉の形と合意の2点である。前者について韓国政府は，為替は多国間に関わる問題であり，二国間で扱うものではないとの立場から，米韓FTA改定交渉とは切り離した協議との立場をとっている。他方，アメリカ政府は，改定交渉の結果に為替をめぐる合意を含めており，為替条項は独立した問題ではなく，米韓の通商関係を規定するものであると表明している。両国のスタンスは異なるが，交渉の形にかかわらず，同時期に併行して協議がおこなわれたこと，かつアメリカ政府が指摘するように為替水準が輸出入の増減を左右する点においては米韓FTAに多大な影響を与えるため，実質的には米韓FTAと一体的といえよう。

Ⅷ. 米韓FTA改定交渉の結果

　後者の合意について，アメリカはその内容を，①通貨切り下げ介入の禁止，②為替操作の禁止，③為替慣行に対する透明性の拡大，などとしている。そして，為替条項を米韓FTAの「付帯協定」あるいは「付属合意」と位置付け，強制力はともなわないとしている。他方，韓国政府はこうした合意の存在を認めておらず，トランプ政権が国内向けに改定交渉の成果を過度にアピールしていると反論している。

　情報が公開されず乏しいため判断はできないが，2018年5月に韓国企画財政部と韓国銀行（中央銀行）は「為替政策の透明性向上案」を打ち出している。そこでは，19年3月末から為替取引内容を段階的に公開するとしており，アメリカ政府も為替介入の情報公開を歓迎している[11]。実際，3月末に韓国銀行のホームページにおいて，18年下半期（7～12月）における為替市場介入をはじめて公表している。ただし，具体的な「ドル売り（ウォン買い）」や「ドル買い（ウォン売り）」の総額，その内訳といった詳細は公表しないとのことで，公表内容は前者が後者よりも約1億8,700万ドル多かったということにとどまる。ウォン高に導くドル売りが超過した理由として，報道では下半期のウォン／ドルのレート変動が大きくなかったためとみている（6月末1ドル1,115ウォン→12月末1,116ウォン，1日変動幅は4ウォン）[12]。なお，19年上半期（1～6月）までは半期ごとに，それ以降は分期別で公表し，公表時期は市場への影響を懸念して当該期間から3ヶ月後としている。

　以上を踏まえると，これまで為替監視対象国として不透明であった介入実績の公表は，合意内容の③を遵守することと結び付き，合意の存在及びその内容を裏付けるものといえよう。

注
（1）「ハンギョレ」2017年5月1日付け。
（2）「ハンギョレ」2018年2月19日付け。
（3）韓国以外では，アルゼンチンとブラジルも輸出制限を受け入れている。
（4）2017年における輸入制限対象品目の対米輸出総量の49.9％を「HSコード7306」が占めている。その次に多いのが「同7210」の15.1％，「同7208」の13.0％とつ

づく。
（5）金子実他「米国鉄鋼輸入制限の米国外向け輸出への影響」『大和総研リサーチレポート』（2018年4月10日）。
（6）産業通商資源部「韓米FTA改定交渉の結果及び今後の計画」(2018年9月3日)。
（7）前掲『FTA戦略下の韓国農業』第3章及び前掲「米韓FTAからTPPをみる」(『TPPと農林業・国民生活』) を参照。
（8）主に保健福祉部「報道説明資料」(2018年3月26日) にもとづく。なお，「説明資料」と銘打つが，A4・2枚の資料に過ぎない。
（9）「韓国日報」2018年11月15日付け。
（10）「朝鮮日報」2018年3月29日・30日付け，「日本経済新聞」2018年3月28日・9月27日付け。
（11）「ハンギョレ」2018年10月19日付け。
（12）「毎日経済」2019年3月29日付け。

IX. ローカルフードの実践

1. ローカルフードとは

　本書では，米韓FTAによる韓国農業への影響を，特に政策面と韓牛を対象に考察してきた。FTAを急速に進める韓国において，大規模化による国際競争力の強化を強力に推進する一方で，現場の農村ではグローバリゼーションに対抗する小規模農家や高齢農家等を中心としたローカリゼーションも進みつつある。

　韓国の農協では「身土不二」を看板に掲げている。すなわち，人と環境は一体であり，その土地・その季節にあった農産物・食料を食すことが人の健康にとって最もよいということであり，日本の地産地消の概念に近い。この農協による身土不二は，1980年代後半において農産物貿易の自由化，市場開放圧力が強まるなかで，韓国農協中央会が仕掛けた農産物の自由化阻止運動のスローガンであった[1]。

　しかし現在，身土不二にあたる用語として，「ローカルフード」が一般化しつつある。このローカルフードの元祖であり，かつ国内でローカルフードが最も盛んな地域が全羅北道の完州郡である。完州郡庁の話では[2]，かつての郡守が九州における地産地消の実践―直売所や農家レストランなどを視察し，郡内で実践したことがローカルフードのはじまりという。つまり中央からではなく，文字通りローカルからの取り組みがローカルフードである。

　ローカルフードの定義を整理したイ・ミンスの研究によると[3]，2009年の完州郡の定義付けが最初であり，その後10年に国家機関である農村振興庁が定義し，11年には完州郡がより具体化し再定義している。すなわち完州郡

では，生産者には適正な価格を，消費者には健康で安全な農産物のアクセスを保証するために，持続可能な方法において完州郡内で生産・加工し，それを直販またはローカルフード物流センターを通じた，2段階以下の最小流通段階を経て住民が消費する農産物をローカルフードとしている。他方，農村振興庁は地域の範囲を50～100km圏内に限定している。

身土不二からローカルフードへの用語の転換は，どのような理由によるものであるのか。当時の身土不二は，先述したように輸入農産物への対抗という点で，地産地消よりも国産農産物の消費運動を意味するとの指摘もある[4]。それに依拠すれば，ローカルフードが真に地産地消を意味するということになる。しかしそれだけではなく，より本質的には1980年代よりもグローバリゼーションがはるかに深化した21世紀において，これまでのスローガンから実践へ，抽象論から具体論へ，その主体も中央から地方・現場への転換・移行が求められるなか，自然発生的かつ戦略的に用語が再設定されたものといえよう。

2．ローカルフードの取組実績

日本同様に，韓国でも最も網羅的に農業データを所収している統計書は農業センサスである。ローカルフードについては，2005年センサス以降，農業関連事業として把握している。表Ⅸ-1は，2005～15年の農業関連事業に取り組んだ農家数を記している。2005年の取組農家数は10.0万戸であり，全農家の7.8％が取り組んでいる。10万戸のうち最も多いのが直売所・直販の8.8万戸で，取組農家の88.4％を占める。その他の食堂経営や加工場，週末農場や観光農園等都市との交流を指す農村観光では，大きな差はみられない。10年の取組農家数は1.5倍増の15.2万戸，全体の12.9％まで広がっている。ここでも直売所・直販が11.7万戸（77.4％）と最も多く，05年に対し32.8％増である。こうした傾向は15年でも確認でき，取組農家数は17.5万戸（16.0％）に，直売所・直販も15.6万戸（89.2％）に増加しており，この間直売所・直販へ

Ⅸ. ローカルフードの実践

表Ⅸ-1　農業関連事業に取り組む農家の推移

(単位：戸，％)

	農家数	農業関連事業					
		計	直売所・直販	食堂経営	農畜産物加工場	農機械作業代行	農村観光事業
2005	1,272,908	99,879	88,290	5,174	6,503	―	4,014
10	1,177,318	151,515	117,234	9,043	8,564	23,331	4,468
15年	1,088,518	174,559	155,723	8,289	6,595	11,359	6,433
05～10年	-7.5	51.7	32.8	74.8	31.7	―	11.3
10～15年	-7.5	15.2	32.8	-8.3	-23.0	-51.3	44.0

資料：『農業センサス』（各年版）より作成。

の集中化が進んでいる。

　2015年の直売所・直販の取組農家数を100として販売金額別にみると（表略），120万～300万ウォンが最多の17.8％，次が同率で300万～500万ウォン及び500万～1,000万ウォンの14.1％である。農業関連事業全体でみた場合も，直売所・直販と同様の結果である。したがって，直売所・直販を実践する農家の中心は，販売金額の小さい農家であり，その多くは小規模農家，あるいは高齢農家と推測されよう。

　次に，ローカルフードのなかで最も取り組まれている直売所・直販に焦点をあて，直売所がどのように運営されているのか，その実態をみていく。対象とする地域は，ローカルフードの盛んな完州郡にある竜進（ヨンジン）邑の竜進農協である（図Ｖ-1）。

3．直売所の運営実態―竜進農協

　竜進邑には814戸の農家がおり，農地面積は768ha，そのうち水田が448haと水田率は約6割である（「2010年農業センサス」）。同様に，経営形態別（過去1年間で販売金額が最も多かった農業部門）では，米農家が418戸と過半を占め，次に野菜が176戸・21.6％とつづく。

　このような米及び野菜の盛んな地域を土台とする竜進農協の直売所は，

図Ⅸ-1　直売所の外観

資料：筆者撮影（2016年6月）。

2011年に有志数人が集まって取り組んだのがはじまりである。実際は，直売所といえるほどの大きさや組織的なものではなく，生産者と消費者の直販というのが実態である。消費者からはローカルフードの意義が理解・評価されたが，その一方で品揃えが十分ではなく，欲しいものがないという不満の声もあがっていた。

　そこで，本格的な直売所に取り組むべく，2014年に農協敷地内に直売所を開設することとなった。直売所は郡からの補助は受けず，農協単独による運営・経営である。竜進農協では，経済事業部のなかにローカルフードのチームを設け，直売所での販売員を含め11人の専門職員を配置している。

　直売所に出荷するためには，農家は次の要件を守ることが課せられている。すなわち，①行政区域（郡）内の農家であること，②竜進農協の組合員でなくてもよいこと，③包装技術等直売所への出荷にあたっての農協教育の必修化，④ローカルフードの規約を守ること，である。このうち①に関しては，

生産者の確保及び直売所の品揃え確保が目的であると同時に，②とも関係して，第Ⅵ章でも触れたように韓国では農協法改正により，郡内の農家は郡内のいずれの農協にも加入できる（郡単位）ことも①・②を要件化した背景にあろう。とはいえ，農協が特に意識する対象農家は，零細農家や高齢農家，帰村・帰農者，女性などであり，基本的には大規模農家は対象外としている。

現在の出荷農家は560戸であり，そのうち65歳以上が6～7割と多くを占め，50代未満は1割程度にとどまる。また，性別では女性が7～8割を占めており，総じて女性高齢者が出荷農家の中心といえる。

直売所の営業時間は8時半から21時である。出荷農家の多くは，簡易な包装機械を所有しているため自宅で包装したのち，通常6時（冬場は7時）に出荷する。農産物のうち親環境農産物は固定化されたコーナー・棚に陳列し，その他一般農産物は早いもの順で陳列していく。したがって，出荷の早い農家ほど，より条件のよい陳列場所を確保できるということである。陳列棚は随時カメラでチェックしており，出荷農家にも売上げ情報がスマートフォン等に届く仕組みになっている。出荷農家は販売状況に応じて，独自に農産物の補充をおこなう。売れ残った農産物は，出荷農家が当日あるいは翌日の朝（出荷時）に自ら回収しなければならず，回収しない農家は出荷停止となる。

農産物の価格は，農協がある程度の基準価格を提示し，それを参考に出荷農家が決定する。その一方で，親環境農産物等差別化が可能なものは，出荷農家がフリーハンドで価格を決定できる。農協は販売手数料として，米や青果物等は価格の10％を，加工品は12％を徴収する。出荷農家には，売り上げが1週間ごとに農協の通帳に振り込まれ，女性の場合も女性本人の名義の通帳に振り込まれる。

直売所の年間販売額は110億ウォンであり，そのうち野菜・果実などの青果物が50億ウォンと半分近くを占めている。その他には，肉類23億ウォン，加工品15億ウォンが主な販売品である。ここ数年の傾向では，全体としては年間販売額に大きな変動はみられないが，内訳では青果物の売り上げが伸びている。その他に，直売所には含まないハナロマート（一般品の店舗）の売

図Ⅸ-2　直売所の農産物陳列

資料：筆者撮影（2016年6月）。

り上げが14億ウォンほどある。

　竜進農協では，新たな商品開発を模索するため，国家資格「韓国調理技能長」を有する料理研究家のパクさん（女性，53歳）を招聘している。この国家資格は難しく，全北道の取得者は10人程度に過ぎない。パクさんは，青果物だけでは直売所の売り上げがいずれ天井に達すると判断し，新たに肉加工品と弁当を提案し実践している。肉加工品では，直売所の韓牛を使用したビーフジャーキーやカルビ，さらには地元の豚肉によるトンカツなどをつくっている。韓牛の使用により価格が相対的に高くなるが消費者には好評であり，ビーフジャーキーでいえば1週間の売り上げが150万〜200万ウォンある。また，旧盆・旧正月のギフト用として肉加工品の注文も多い。パクさんにとっても，ビーフジャーキー等の加工施設は，食品衛生法上の問題で個人では許可をとることができないため，農協と連携することで，自己資本金なしで実践できるという大きなメリットがある。

IX. ローカルフードの実践

弁当は現在，2種類を開発しているところである。1つが，直売所の地元農産物を用いた女性向けの「ブロック弁当」であり，出荷農家と連携した経済循環を図っている。いま1つが，ビビンバやトンカツなど一品もので勝負する弁当であり，これは男性向けの弁当である。こうした購買層を明確化した商品開発に取り組んでいる。

また，直売所まで購入に来る消費者は，健康に関心があり，細かいところまで気を付ける層であるため，様々な工夫をおこなっている。例えば，トマトは油を用いて熱処理すると栄養素が大きく増えるので，オリーブオイルを入れて調理するのがよいといった栄養の理論と実践を通じた情報発信・販売などにも力を入れている。

4．経済効果・農村社会の変革

グローバリゼーションの急進，FTAへの邁進にともなう農産物市場の開放と，それに抗すべく国際競争力の強化が叫ばれるなか，韓国でもローカルフードと称し，地産地消を進めていく動きが生産者・消費者ともに定着しつつある。

完州郡の定義にもみられたように流通段階の減少により，生産者にとっては価格に占める所得率があがり，逆に消費者にとっては2〜3割価格が低下するというメリットを享受している。また，地域全体でみれば，従来の流通では介在する都市部の流通企業に所得が流出するが，ローカルフードは郡内で循環することで地域経済にも一定の貢献をしている。韓国で近年問題とされている都市と農村の経済・所得格差[5]，いわゆる「都農格差」に対する処方箋の1つでもある。

こうしたグローバリゼーションへの対抗としての経済効果だけではなく，農村社会での変革にも貢献している。日本と同様に，韓国の農家でも女性が自分名義の通帳をもっていないのが一般的であった。しかし，ローカルフードを画期に，女性名義の通帳が一般化してきている。つまり，ローカルフー

ドは，通帳作成を通じた女性の人権や社会的地位の向上に寄与するとともに，女性の稼得による経済的自立の一助にもなっている。女性の財布に入るこうした所得は，家計費の充足に用いられるというよりも，女性自身のために使用されている。例えば，孫の小遣いに使うことで，孫と会える回数が増えるなど，生活の豊かさに資している。その一方で，女性が負担していた家事等を，男性自らがおこなわなければならなくなったため，男性の社会的自立も後押しするなど，農村社会も変容しつつある。グローバリゼーションへの対抗としてのローカルフードが，人権や男女平等などのグローバリゼーションを農村社会にもたらしている。

注
（1）朝倉敏夫『世界の食文化1　韓国』農文協，2005年，pp.104～105。
（2）キム・デギ副郡守からのヒアリング調査（2015年11月）による。
（3）イ・ミンス『全羅北道におけるローカルフードの活性化方案』Vol.99，全北発展研究院，2013年。その他にローカルフードの研究として，クク・スンヨン「ローカルフードと地域農食品産業の活路」『農業展望2012（Ⅰ）』（韓国農村経済研究院，2012年）がある。
（4）山下惣一『身土不二の探究』創森社，2017年，pp.179～180。
（5）2016年の都市勤労者所得に対する農家所得及び農業所得の割合は，63.5％・17.2％である。前者が6割台に突入したのは08年，後者が1割台になったのは11年からであり，以降停滞が続いている。詳細は，前掲『FTA戦略下の韓国農業』第1章，拙稿「韓国経済における農業の位置」（『文化連情報』No.462，2016年）を参照。

X．日本への示唆

1．FTA対策の現実性

　韓国と日本は，食料輸入国であること，アメリカやEUなどの農産物輸出大国から絶えず農産物の市場開放を求められるなど，世界における農産物貿易の立ち位置が共通している。また，国内農業においても，経営規模の零細性や担い手の高齢化，後継者不在など多くの共通点や問題を抱えている[1]。
　そうしたなか，韓国は日本よりも一足早く，2010年以降アメリカを筆頭に，EU，オーストラリア，カナダ，中国などの農産物輸出大国とFTAを次々と締結・発効した。米韓FTAでは，①米のみ例外品目扱いとしたが，②その他の品目は最終的には関税を撤廃し市場を開放することを決めていた。その結果，牛肉や豚肉を中心とした輸入増がみられるとともに，農産物全体の輸入も増加基調にあるなど，FTAによる市場開放の影響が生じていた。そのため，③国内農業に対しては，FTA被害補填直接支払いやFTA廃業支援により，②の影響緩和措置を講じてはいたが，実質的には国内農業の競争力強化をメインとしていた。
　他方，日本の場合，国内対策を講じることでTPPによる国内農業への被害は最小限（生産量は維持・生産額の減少も限定的）に抑えられるという試算結果を出している。その国内対策も，重要5品目のうち牛肉・豚肉は，既存事業の法制化と補填率の引き上げに限定され，その他は韓国同様に，コストの削減や品質向上等競争力強化に重点をおいている。
　競争力強化がメインという点では日韓ともに共通しているが，韓国の場合，国内農業への被害が起こりうることを前提とし，毎年の輸入量や国内価格の

変化を可視化しそれにもとづくなかで，時限的であり，かつ十分とはいえないが，国内生産の調整を促す廃業支援やFTAによる被害を補填する直接支払いを講じている点で異なる。特にFTA被害補填直接支払いでは，韓国政府が想定していなかった品目が多く対象となっている現実を踏まえると，日本のTPP対策のように予め品目ごとの影響を予想し，その対策を内包化したものでは，実際の影響・被害を適切に把握して対応することが難しいといえよう。この点はやはり，TPP対策のように対策込みの影響試算とその公表という形で実像をみえにくくするのではなく，FTAによる影響→対策→結果というロジックの透明化が求められよう。

2．自給率と食料安全保障

では，米韓FTAを中心とした農産物市場の開放によって，韓国の自給率はどのような水準にあるのか。韓国では，基本的には国内の生産量を消費量で除して自給率を算出している。したがって，日本で一般的に用いられるカロリーベースではなく[2]，量を基準としている。

表X-1は，主要品目の自給率を示したものである。傾向は，大きく3つに整理できる。第1は米である。米は，WTOでは513%の高関税率を課し[3]，かつFTAでは例外品目扱いのため，一貫してほぼ自給を達成している。むしろ近年は過剰傾向にあることから，韓国では米の生産調整に舵を切っている[4]。

第2は，2000年以降大きな変化がみられない大豆及び鶏肉・鶏卵である。ただし，前者は1割程度の低自給率であるのに対し，後者は概ね自給という点で対照的である。

第3は残る品目であり，概ね2010年以降に低下を強めている。すなわち野菜類は15年に9割を切り，果実類は14年に7割台に突入，牛肉は16年に4割を下回り，豚肉は14年に7割台へ，牛乳類は14年に5割台となっている。もちろん，FTAの影響のみを原因とするわけではないが，幅広い品目での自

X. 日本への示唆

表X-1　韓国における主要品目の自給率の推移

(単位：%)

	2000	05	10	14	15	16年
穀物類	30.8	29.4	26.7	24.1	24.0	24.3
米	102.9	96.0	104.5	95.6	101.0	102.6
大豆	6.8	9.8	10.1	11.3	9.4	7.0
野菜類	97.7	94.5	90.7	91.5	87.7	86.6
果実類	88.7	85.6	81.0	79.6	78.8	78.9
牛肉	53.2	48.1	43.2	48.1	46.0	38.9
豚肉	91.6	83.7	81.0	74.1	72.8	71.8
鶏肉	79.9	84.3	83.4	81.6	86.6	85.1
鶏卵	100.0	99.3	99.7	99.0	99.7	99.7
牛乳類	81.2	72.8	66.3	59.0	56.6	54.7

資料：『農林畜産食品主要統計』（各年版）より作成。
注：1）「自給率」は，国内の生産量を消費量で除したものである。
　　2）「穀物類」には，飼料用を含む。

給率の低下と米韓FTAを含む様々なFTA発効の時期とが重複しているのも事実であり，その影響も決して小さくはない。

　こうした自給率の低下も想定して韓国政府は，米韓FTA締結ののち海外農業開発事業を推進し，2009年に10カ年計画を策定している[5]。海外農業開発とは，国家支援のもと韓国企業が海外で農地を確保し，当該国で農業生産をおこなうものであり，いわゆる「ランド・ラッシュ」（世界的には「ランド・グラブ」）を指す。そのねらいは，食料安全保障の観点から自給率の低下や国内生産の後退・縮小を，韓国企業による海外生産でカバーし食料を確保することにある。そして，それを加味した「穀物自主率」という概念を創出している。したがって海外農業開発は，人間及び家畜の基礎的食料である穀物を対象とした政策である。

　穀物自主率は，国内消費を分母に，国内生産と韓国企業による海外生産を加えたものを分子とする。2010年の穀物自給率は26.7％であり，穀物自主率は27.1％であることから，海外生産分は差し引き0.4％となる。10カ年計画では，15年の穀物自給率30％・穀物自主率55％，同様に20年32％・65％の目標を打ち立てている。したがって海外生産は，15年25％，20年33％となり，特

に20年には海外生産が国内生産を超過することになる。だが，**表X-1**に記すように穀物自給率自体15年は24％とさらに低下し，目標の30％には届いていない。他方，海外生産も進出先での道路や港湾等の巨大なインフラ整備の負担，当該国から韓国へ輸出する際の関税問題，現地労働者との摩擦など様々な問題が生じている。そのため進出した韓国企業のうち定着した企業は2割程度と少なく，それら企業が生産した穀物のほとんどは現地で流通・販売され，韓国国内へ輸出したのは生産の1割にも満たない[6]。

現在，韓国の白書では海外農業開発は取り上げているが，穀物自主率には触れておらず，主要な統計書でもみられない。そのため穀物自主率が何％であるのか判然としない。だが，穀物自給率の低下と海外農業開発の実態を踏まえると，目標に遠く及んでいないことは想像に難くない。それどころか上記の低調な実績に加え，推進した李明博政権から2度政権が交代したこと（朴槿恵政権・文在寅政権）も影響し，現在穀物自主率の概念は使われていないとのことである[7]。

この経験は，食料安全保障を考える際の1つのヒントを与えてくれる。つまり，自国企業による海外生産と国内消費とが直結するわけではないということである。換言すると，輸入国が自給率を捉える際，生産と消費の「場」が一致しなければ，現実的には意味がないということであり，当然その「場」は国内である。近年日本では，国内生産したものを海外へ輸出し消費されれば，自給率は維持あるいは向上するという考えが，政権や農政で主流になっている。だが韓国の経験は，生産と消費の「場」を切り離した政策は，食料輸入国にとって食料安全保障を担保するものではないことを示唆している。食料安全保障の確保に向けて今後，国内生産をどのように維持していくか，韓国・日本ともに問われている。

3．米韓FTA改定交渉からの示唆

それにもかかわらず，日本はTAG・日米FTA交渉に突入していくことに

X. 日本への示唆

なる。そのことに対し，米韓FTA改定交渉の結果からは次のことが示唆されよう。

韓国が，貿易赤字の是正・解消を目指したアメリカからの米韓FTA改定交渉を受け入れ，短期間で合意したのは，朝鮮半島問題，すなわち安全保障問題に大きく影響された結果であった。これは，2010年の米韓FTA再交渉のプロセスにおいて，北朝鮮による延坪（ヨンピョン）島砲撃事件が再交渉の早期終結を後押しした構図とまったく同じである[8]。つまりアメリカに対し，韓国では北朝鮮問題・安保問題と経済問題は一体化しており，この緊密な関係は日本にもあてはまる。しかもトランプ政権では，米韓FTA改定交渉やアメリカ通商拡大法232条でもみられたように，「ディール」の材料として安保と経済を十分に利用しており，TAG・日米FTA交渉でもこの手法が突きつけられよう。実際アメリカでは，貿易赤字問題と米軍基地負担の増額がセットで議論されているようである。

また，第Ⅷ章では米韓FTA改定交渉の結果として，鉄鋼製品及び自動車に焦点をあててみてきた。しかし当初，韓国国内では，米韓FTA改定交渉においてアメリカから農業分野の譲歩を迫られることを強く警戒していた。それは第Ⅰ章で記したように，工業製品の関税率の多くは3年以内に撤廃する品目が多いため，発効後7年目の当時では，工業製品で譲歩する余地が限られていたからである。他方，農業分野も米以外は最終的には関税撤廃するが，撤廃までの期間が長期の品目も少なくないため，これら品目の撤廃期間の縮小が突きつけられる可能性が高かったためである。それ故に農業団体は，米韓FTA改定交渉に激しく反発していた[9]。しかし実際主たる物品では，①韓国による鉄鋼製品の輸出制限，②アメリカの貨物自動車の関税撤廃期間の延長，③韓国によるアメリカでの安全基準適合車の輸入割当台数の拡大，が合意内容であった。

以上から次の2点を指摘することができよう。1つには，アメリカの今回の米韓FTA改定交渉に対するスタンス・方針がみてとれる。繰り返しになるが，改定交渉をおこなうアメリカの最大の目的は，貿易赤字の解消，貿易

不均衡の是正である。しかも単なる目的達成ではなく，中間選挙を意識したアメリカ国民へのアピールとして，「最短距離」かつ明確な成果が求められた。そのため今回は，多大な時間を要する改定や分野は取り上げていない。すなわち前者は，米韓FTA協定文の本格的改正には触れず，またおこなわれていない。後者の分野では，韓国側の予想に反し農業分野を対象としていない。周知のとおり，農業分野は韓国国内での反発が激しく，アメリカからすれば長期間の交渉を強いられる。また，第Ⅱ章でみたように，農産物の対韓輸出が畜産物を中心に復調に転じたため，わざわざ韓国国民を刺激するのは得策ではないとの判断もあろう。

その一方で，アメリカの中間選挙の争点の１つが，鉄鋼や自動車などが衰退したいわゆる「ラストベルト」地帯であった。そのため米韓FTA改定交渉で鉄鋼製品や自動車を対象としたことも，中間選挙における同地帯の有権者・白人労働者の取り込みを意識したものであり[10]，「最短距離」かつ明確な成果を必要としたといえよう。他方，アメリカは貿易赤字・知的財産権侵害などを理由に対中経済制裁に踏み切ったのに対し，中国もアメリカ産農産物に報復関税を課した。仮に報復関税が，米韓FTA改定交渉前，あるいは交渉中であれば，アメリカの中国向け農産物の代替先として，韓国農民の反発に関係なく，農業分野に対しても強硬かつ短期間での譲歩を迫った可能性を否定できない。

いま１つは，先に記した鉄鋼及び自動車分野の合意内容①〜③のうち，②は現状を変えるものではなく，③も改定前から「空手形」であった。したがって，アメリカの貿易赤字解消は，アメリカの輸出拡大ではなく，①の鉄鋼製品の輸出制限がメインとなる。だがそれが，アメリカが期待する貿易不均衡の是正にどの程度結び付くのか。なぜならば，韓国の対米輸出の２割，貿易黒字の８割近くを乗用車が占めているからである。その点において今回の合意内容は，米韓FTA改定の通過点でしかないということである。そのことは，トランプ大統領が乗用車の追加関税の適用から韓国を完全除外していないことにあらわれている。

X. 日本への示唆

　以上を踏まえ，TAG・日米FTA交渉への還元という点では，アメリカ国内や世界情勢等国際環境によって，方針や交渉分野が大きく揺れる危険性を秘めている。ストレートにいえば，まず2020年にはアメリカ大統領選挙が控えており，米韓FTA改定交渉と同じく，日本に対し短期間での譲歩を迫ってくるであろう。目下，その分野の1つが農業や自動車である。農業では，現状の米中貿易戦争によって，日本はアメリカ産農産物の輸出代替先として厳しい交渉を強いられる可能性が高い[11]。加えて，TPP11の発効によって生じた牛肉関税をめぐるアメリカの競争力の後退もある。すなわち，アメリカはTPP離脱により現行水準（38.5％）が課せられるのに対し，TPP11では発効後牛肉の関税は27.5％に引き下げられ，19年4月にはさらに26.6％へ低下する。実際TPP11発効後，オーストラリアやカナダ，NZ等からの牛肉輸入が急増している[12]。これに対し，競争条件が後退したアメリカ関連団体の不満は高まっており[13]，日本に対する関税引き下げ圧力はこれまで以上に強まるであろう。特に韓国において，牛肉の関税水準の優位性により対韓輸出を増やし，韓国市場の占有率でオーストラリアを逆転した実績は，TPP11の発効により後塵を拝するアメリカにとって，TAG・日米FTA交渉で大きな意味をもつであろう。

　また自動車に関しても，日本は対米貿易黒字の8割を自動車関係（自動車部品を含む）が占める構図は韓国と近似している。米韓FTA改定交渉では，アメリカは②・③を得たのみであるが，先に記したようにそれが貿易不均衡の是正に直結するとは考えにくい。そうであるとすれば，アメリカ側は直接的な貿易赤字の削減を日本には求めてこよう。日本でのアメリカ産自動車の需要が少なく輸入増が見込めないとすれば，日本側の輸出削減が求められる。その手段には，a) 輸出制限，b) アメリカでの現地生産への切り替え，c) 為替条項といったカードが想定される。b) はトランプ政権発足後から一貫して追求しているものであり[14]，トランプ大統領は，安倍首相がアメリカへの7つの工場移転（自動車だけではないが）に言及しているが，もっと多くを移すべきと述べている[15]。だが，政府が民間企業の経営戦略を決定で

きるはずもなく，その調整には時間を要すること，仮に工場移転が決定しても本格稼働はまだ先であり，中・長期的な成果に留まる。

したがって，大統領選挙を見据えた「最短距離」かつ明確な成果という点では，残るa）及びc）がターゲットとなろう。これらは実際に，米韓FTA改定交渉の結果でも確認されたものである。特にc）に関し，日本政府は貿易とは切り離した議論とすべきとの立場をとっているが，これはまさしく韓国政府と同じスタンスである。だが，米韓FTA改定交渉では一体のものとされ，事実上為替条項が含まれている。そして，a）・c）によって日本からアメリカへの輸出が厳しい環境になれば，b）へ追い込む結果となり，結局b）も加速化されよう。まさしく1980年代に日本が経験した日米貿易摩擦への対処としての自動車の輸出自主規制，プラザ合意と円高化，その後の現地生産への転換，と重なる。

徹底した貿易赤字の削減，そのためには相手国に対し強硬に譲歩を迫るアメリカ・ファーストを標榜するトランプ政権にとって，TAG・日米FTA交渉は農業か工業かではなく，農業も工業も総取りを目論むものである。また，非関税障壁で取り上げた地域農協やISDSによる主権侵害，医薬品問題などその影響は広範囲に及んでいる。日本は，国民をあげての連携・対抗が求められよう。

注
（1）前掲『条件不利地域農業』第6章を参照。
（2）日本の農水省が算出した韓国のカロリーベースの自給率は，2000年で51％であった。03年から50％を恒常的に下回り，11年にはじめて4割を切り39％を記録している。その後40％前後で推移し，最新の15年では43％である。
　　　他方，日本の自給率は2000年で40％であり，以降同値で推移している。10年に4割を下回る39％となり，最新の16年で38％である。つまり，2000年の時点では，韓国は日本を10ポイント上回っていたが，11年以降はほとんど日本と変わらない水準であり，韓国の自給率減退のスピードが早いことが分かる。
（3）WTOにおける米のミニマム・アクセスから関税化への移行については，拙稿「韓国における米の関税化移行と所得補償・構造政策」（『農業経済研究』第87巻第1号，2015年）を参照。

X．日本への示唆

（4）2016年に「米の安定生産対策」を公表し，米の供給過剰を抑制するために，米から他作物へ転換した水田利用を推進している。16年の米生産は，15年よりも3万ha減らす目標を立てたが，実際は2万ha減に留まっている（農林畜産食品部『2016年農業・農村及び食品産業に関する年次報告書』2017年，pp.161-162）。

　また2017年は，目標2万haに対し2.1万haが他作物に転換しており，目標を超過している（農林畜産食品部『2017年農業・農村及び食品産業に関する年次報告書』2018年，p148）。

（5）前掲『FTA戦略下の韓国農業』第1章。
（6）「環境日報」2018年7月6日付け。
（7）韓国農村経済研究院のキム・テゴン　シニアエコノミストへのヒアリングによる。
（8）前掲『FTA戦略下の韓国農業』第3章。
（9）「ハンギョレ」2017年11月2日・11日付け。
（10）木内登英『トランプ貿易戦争』日本経済新聞出版社，2018年，p.42。
（11）その可能性については，東山寛「メガFTAと日本農業」（『経済』No.282，2019年）p.86も参照。
（12）「日本農業新聞」2019年1月19日付け。
（13）「日本農業新聞」2019年2月24日付け。
（14）ちなみに韓国の場合，自動車産業の中核である現代自動車グループ（国内生産の8割を占有）をみると，アメリカでの現地生産台数は米韓FTA発効前の2011年では61万台であったが，16年には75万台へ2割強増えている。ただし，この間の対米輸出台数も59万台から97万台へ大きく増えている。とはいえ，現地生産台数分の輸出が減少したことは事実であり，かつ現地での雇用創出・地域経済への波及効果というプラス面も，トランプ大統領が現地生産に期待する理由である。
（15）「日本経済新聞」2019年3月7日付け。

あとがき

　本書は，日本文化厚生農業協同組合連合の月刊誌『文化連情報』において，31回にわたり連載した「韓国農業の実相―日本との比較を通じて」の後半部分（小テーマはFTA，2017年9月号～2019年3月号）のなかから，米韓FTAに関わる部分を利用したものである。利用にあたり情報・データ等は，追加・更新している。

　TAG・日米FTA交渉が，2019年4月から本格始動するなかで，米韓FTAの現状を伝えるべく，スピード重視での刊行を優先した。そのため発行直後の原稿利用もあるが，それを快諾いただいた日本文化厚生連には，厚く御礼申し上げたい。

　また，筑波書房の鶴見治彦社長にも，迅速な制作をしていただき，感謝申し上げる。

　なお，本研究は，主としてJSPS科学研究費基盤研究（C）17K07966による。

2019年3月

品川　優

【著者紹介】

品川　優（しながわ　まさる）
　略歴
　1973年　徳島県生まれ
　1997年　岡山大学経済学部卒業
　1999年　岡山大学大学院経済学研究科修了
　2002年　横浜国立大学大学院国際社会科学研究科博士課程後期修了
　　　　　博士（経済学）
　2003年　佐賀大学経済学部専任講師
　2004年　佐賀大学経済学部助教授
　2015年　佐賀大学経済学部教授
　現　在　佐賀大学経済学部教授
　　　　　また韓国農村経済研究院客員研究員（2007年）

　主要著書
　『米生産調整の大転換―変化の予兆と今後の展望』（共著）農林統計協会，2019年
　『土地所有権の空洞化と所有者不明問題―東アジアからの展望―』（共著）ナカニシヤ出版，2018年
　『TPPと農林業・国民生活』（共著）筑波書房，2016年
　『新たな食農連携と持続的資源利用』（共著）筑波書房，2015年
　『FTA戦略下の韓国農業』筑波書房，2014年
　『TPP問題の新局面』（共著）大月書店，2012年
　『政権交代と水田農業』（共著）筑波書房，2011年
　『条件不利地域農業―日本と韓国』筑波書房，2010年

米韓FTA　日本への示唆

2019年5月18日　第1版第1刷発行

　　　　著　者　品川　優
　　　　発行者　鶴見治彦
　　　　発行所　筑波書房
　　　　　　　　東京都新宿区神楽坂2－19 銀鈴会館
　　　　　　　　〒162－0825
　　　　　　　　電話03（3267）8599
　　　　　　　　郵便振替00150－3－39715
　　　　　　　　http://www.tsukuba-shobo.co.jp

定価はカバーに表示してあります

印刷／製本　中央精版印刷株式会社
©Masaru Shinagawa 2019 Printed in Japan
ISBN978-4-8119-0554-9 C3033